# PARA CADA CLIENTE UMA VENDA DIFERENTE

Direitos autorais © 2024 Igor Barros Todos os direitos reservados. Nenhuma parte deste livro pode ser reproduzida, armazenada em um sistema de recuperação, ou transmitida de qualquer forma ou por qualquer meio, seja eletrônico, mecânico, fotocópia, gravação ou outros, sem a permissão prévia por escrito do autor.

Este livro é protegido por direitos autorais e quaisquer violações, como a reprodução não autorizada, distribuição, ou exibição pública de seu conteúdo, sem a permissão do autor, poderão resultar em ações legais e na busca de compensações apropriadas.

Embora o autor tenha feito todo o esforço para assegurar que as informações contidas neste livro estejam corretas no momento da publicação, o autor não assume qualquer responsabilidade por erros, omissões ou pela aplicabilidade das informações a situações específicas.

As marcas mencionadas neste livro são propriedades de seus respectivos proprietários. A inclusão de qualquer marca registrada, nome de empresa, produto, ou marca não implica endosso pelo autor.

Primeira edição, 2024

# INTRODUÇÃO

Em um mundo onde a concorrência é cada vez mais acirrada e os consumidores são constantemente bombardeados com ofertas e informações, a personalização se tornou uma ferramenta essencial para diferenciar um negócio e conquistar a lealdade dos clientes. "Para Cada Cliente, Uma Venda Diferente" nasce dessa premissa, de que cada cliente é único e merece uma abordagem de vendas que reconheça e valorize suas necessidades e desejos específicos.

Ao longo da minha trajetória de mais de uma década como empresário no setor comercial, tive a oportunidade de trabalhar com uma ampla gama de clientes, desde grandes corporações multinacionais até pequenas empresas locais. Essa experiência me ensinou uma lição valiosa: não existe uma fórmula única para o sucesso em vendas. Cada cliente é uma nova oportunidade para criar uma conexão genuína e oferecer uma solução sob medida.

Este livro é um guia prático e detalhado para profissionais de vendas que desejam aperfeiçoar suas habilidades e alcançar resultados excepcionais por meio da personalização. Vamos explorar juntos como entender profundamente o perfil de cada cliente, comunicar-se de maneira eficaz, identificar necessidades específicas, e apresentar soluções que realmente façam a diferença.

A personalização não é apenas uma técnica de vendas, mas uma filosofia que coloca o cliente no centro de todas as decisões. É sobre construir relacionamentos duradouros e criar valor de maneira autêntica e sustentável. Ao longo dos capítulos, compartilharei estratégias, técnicas e ferramentas que usei ao longo dos anos, bem como exemplos práticos e estudos de caso que ilustram como a personalização pode ser aplicada com sucesso em diferentes contextos.

Seja você um vendedor experiente buscando novas abordagens, ou um iniciante desejando construir uma base sólida de conhecimento, este livro oferece insights valiosos para transformar sua prática de vendas. Prepare-se para embarcar em uma jornada que desafiará suas suposições e ampliará suas habilidades, capacitando você a oferecer a cada cliente uma venda verdadeiramente diferente.

Vamos começar essa jornada juntos.

# PREFÁSIO

Quando comecei minha carreira em vendas, aos 19 anos, eu não tinha ideia do quanto essa jornada iria moldar minha visão sobre negócios e relacionamentos. Trabalhando em diversas empresas, desde pequenas lojas até grandes multinacionais, aprendi que cada cliente tem suas próprias histórias, desafios e expectativas. Essa diversidade é o que torna a venda uma arte tão fascinante e, ao mesmo tempo, complexa.

Escrever "Para Cada Cliente, Uma Venda Diferente" foi uma oportunidade de compartilhar as lições valiosas que aprendi ao longo de mais de uma década de experiência no setor comercial. Este livro é mais do que um manual de técnicas de venda; é um convite para olhar cada cliente como um indivíduo único e adaptar nossas abordagens de acordo com suas necessidades específicas.

Vivemos em uma era onde a personalização é essencial. Os consumidores de hoje estão mais informados e exigentes do que nunca. Eles buscam experiências que ressoem com suas necessidades e valores. Como profissionais de vendas, nosso desafio é ir além das fórmulas prontas e criar conexões genuínas que resultem em relações de longo prazo.

Neste livro, você encontrará estratégias práticas, estudos de caso e insights que irão ajudá-lo a transformar sua abordagem de vendas. A personalização não é apenas uma tendência; é a chave para o sucesso em um mercado cada vez mais competitivo. Espero que este livro inspire você a olhar para seus clientes com novos olhos e a desenvolver soluções que realmente façam a diferença.

Gostaria de expressar minha gratidão a todos os clientes e colegas de trabalho que contribuíram para minha jornada. Sem vocês, este livro não seria possível. E, acima de tudo, agradeço a você, leitor, por embarcar nesta jornada comigo. Estou confiante de que, juntos, podemos elevar o padrão de atendimento ao cliente e alcançar resultados extraordinários.

Com apreço,

**Igor Barros Alves**

# Sumário

- ENTENDENDO O PERFIL DO CLIENTE............11
- COMUNICAÇÃO EFICAZ COM DIFERENTES TIPOS DE CLIENTES ................ 19
- IDENTIFICANDO AS NECESSIDADES E DESEJOS DOS CLIENTES........................ 29
- DESENVOLVENDO PROPOSTAS DE VALOR PERSONALIZADAS ................................ 41
- ESTABELECENDO RELAÇÕES DE LONGO PRAZO COM CLIENTES ............................ 52
- TÉCNICAS AVANÇADAS PARA MAXIMIZAR A SATISFAÇÃO DO CLIENTE........................ 63
- TRANSFORMANDO A SATISFAÇÃO DO CLIENTE EM CRESCIMENTO E INOVAÇÃO ................ 74
- CONSTRUINDO UMA CULTURA DE EXCELÊNCIA NO ATENDIMENTO AO CLIENTE ................................................ 86
- INTEGRANDO ESTRATÉGIAS PARA UMA ABORDAGEM COESA E EFICAZ NO ATENDIMENTO AO CLIENTE .............. 99
- SUSTENTANDO E EVOLUINDO A ABORDAGEM DE ATENDIMENTO AO CLIENTE .................109
- CRIANDO EXPERIÊNCIAS MEMORÁVEIS PARA O CLIENTE ................................120
- CONSTRUINDO LEALDADE E FIDELIDADE DOS CLIENTES ................................132
- CONCLUSÃO......................................142
- AGRADECIMENTOS................................149

# Capítulo 1: Entendendo o Perfil do Cliente

Era um dia típico no escritório, e eu estava me preparando para o lançamento de um novo serviço. A equipe estava animada, mas havia uma certa apreensão no ar. Recentemente, percebi que, apesar do esforço de todos, o feedback dos clientes não estava à altura das expectativas. Muitas reclamações sobre a falta de conexão e compreensão surgiam com frequência, e eu sabia que precisava mudar isso.

Decidi que era hora de transformar a situação, focando em duas habilidades cruciais: empatia e escuta ativa. A primeira etapa foi organizar uma sessão de treinamento sobre empatia. Comecei a preparação pensando em como poderia transmitir a importância de se colocar no lugar do cliente. Planejei atividades práticas onde cada membro da equipe representaria um cliente com diferentes perfis e problemas. Durante essas atividades, cada pessoa discutiria como se sentiria na posição dos clientes e como isso poderia influenciar o atendimento que receberia.

No dia do treinamento, iniciei com uma breve palestra sobre a importância da empatia. Compartilhei uma experiência pessoal de uma vez em que, como cliente, me senti frustrado por não ser compreendido. Detalhei como uma abordagem empática poderia ter transformado minha experiência. A equipe participou ativamente das atividades, e observei enquanto cada membro discutia suas impressões e sentimentos. Através dessa experiência, todos começaram a perceber o impacto real que a empatia pode ter em uma interação com o cliente.

Com a empatia introduzida, passei para a próxima etapa: a escuta ativa. Organizei sessões de role-playing onde a equipe praticava ouvir atentamente os clientes, fazer perguntas abertas e reformular o que foi dito para garantir uma compreensão completa. Durante essas simulações, incentivei a equipe a ouvir sem interromper, a fazer perguntas que ajudassem a descobrir as verdadeiras necessidades dos clientes e a refletir sobre o que foi dito. Forneci feedback detalhado sobre cada interação, destacando a importância de ouvir e responder de forma eficaz.

Os resultados das sessões de role-playing foram promissores. A equipe começou a aplicar essas habilidades nas interações reais com os clientes. Notei uma mudança significativa na qualidade das interações. O feedback positivo começou a aumentar e as reclamações diminuíram. A equipe estava mais confiante e eficiente, oferecendo um atendimento que realmente atendia às necessidades dos clientes.

Refletindo sobre a experiência, ficou claro para mim o impacto das técnicas de empatia e escuta ativa. A compreensão das emoções e perspectivas dos clientes resultou em um atendimento mais eficaz e satisfatório.

Investir tempo em treinamento e prática se mostrou essencial para melhorar a conexão com os clientes e resolver problemas de maneira mais eficaz.

## Por que Conhecer o Cliente é Essencial?

Imagine tentar montar um quebra-cabeça sem olhar a imagem na caixa. Você pode acabar gastando muito tempo tentando encaixar peças que simplesmente não se ajustam. Da mesma forma, sem entender quem são seus clientes, é difícil oferecer soluções que realmente atendam às suas necessidades. Conhecer o cliente é como ter a imagem da caixa: ajuda a ver o todo e a entender como cada peça se encaixa.

## Segmentação de Mercado

Segmentar o mercado é como dividir uma grande pizza em fatias. Cada fatia representa um grupo de clientes com características e necessidades semelhantes. Ao entender essas fatias, você pode adaptar sua abordagem de vendas para atender melhor a cada grupo específico.

## Principais Tipos de Segmentação

1. **Demográfica:** Pense nisso como entender as características básicas de uma pessoa, como idade,

gênero e renda. Por exemplo, um produto de luxo pode ser direcionado para clientes de alta renda, enquanto produtos infantis são voltados para pais jovens.

2. **Geográfica:** Isso é sobre onde seus clientes vivem. Clientes em áreas urbanas podem ter necessidades diferentes daqueles em áreas rurais. Um exemplo seria vender equipamentos de esqui para pessoas que vivem em regiões montanhosas.
3. **Psicográfica:** Aqui entramos nos estilos de vida e valores. Imagine vender produtos veganos. Seu foco seria em pessoas preocupadas com o bem-estar animal e a sustentabilidade.
4. **Comportamental:** Isso se refere a como os clientes se comportam em relação a seus produtos. Por exemplo, clientes leais que sempre compram sua marca precisam ser tratados de forma diferente de novos clientes.

## Criando Personas de Clientes

Criar personas é como dar vida aos seus clientes ideais, quase como personagens em um filme. Eles têm nomes, histórias e características que ajudam você a entender melhor quem são e o que desejam.

## Passos para Criar Personas

1. **Coleta de Dados:** Pense em si mesmo como um detetive, coletando pistas sobre seus clientes através de pesquisas, entrevistas e análise de dados.
2. **Identificação de Padrões:** Depois de coletar as pistas, você começa a ver padrões emergirem. Talvez você perceba que muitos de seus clientes gostam de esportes ou valorizam a sustentabilidade.
3. **Desenvolvimento de Perfis:** Com os padrões identificados, você cria perfis detalhados. Por exemplo, "Ana, a Atleta," uma jovem de 30 anos que adora correr e está sempre em busca de equipamentos esportivos de alta qualidade.
4. **Nomes e Histórias:** Dar nomes e criar histórias para suas personas as torna mais tangíveis. Assim, quando você pensa em "Ana, a Atleta," você lembra imediatamente de suas necessidades e preferências.

## Ferramentas de Análise de Comportamento

Entender o comportamento do cliente é como ter um mapa para guiá-lo. Existem várias ferramentas que podem ajudá-lo a ler esse mapa e entender para onde seus clientes estão indo.

## Ferramentas Populares

1. **Google Analytics:** Imagine poder ver o caminho que os clientes percorrem em seu site. Você descobre quais páginas visitam e quanto tempo passam em cada uma.
2. **CRM (Customer Relationship Management):** Um CRM é como um diário detalhado de todas as interações que você teve com seus clientes. Ele ajuda a gerenciar e analisar essas interações para melhorar o relacionamento com o cliente.
3. **Social Listening Tools:** Essas ferramentas permitem que você escute as conversas sobre sua marca nas redes sociais. É como estar em uma festa e ouvir o que todos estão dizendo sobre você.

## Aplicando o Conhecimento do Cliente na Prática

Agora que você conhece seus clientes, é hora de aplicar esse conhecimento. Pense nisso como cozinhar um prato especial para um amigo. Você sabe do que ele gosta e adapta a receita para agradá-lo.

## Dicas para Personalização

1. **Comunicação Adaptada:** Use a linguagem que ressoe com cada persona. Se você está falando com "Ana, a Atleta," mencione termos e interesses que ela valorize, como "melhor desempenho" e "equipamento de alta qualidade."
2. **Ofertas Personalizadas:** Crie ofertas que atendam às necessidades específicas de cada segmento. Para "Carlos, o Empresário," ofereça soluções que economizem tempo e aumentem a eficiência.
3. **Experiência de Compra:** Garanta que a jornada de compra seja fluida e satisfatória. Se você sabe que "Maria, a Mãe Ocupada," valoriza conveniência, ofereça opções de entrega rápida e fácil.

## Conclusão

Entender o perfil do cliente é como ter uma bússola em sua jornada de vendas. Ao segmentar seu mercado, criar personas detalhadas e usar ferramentas de análise de comportamento, você estará melhor preparado para oferecer soluções personalizadas que realmente façam a diferença. No próximo capítulo, exploraremos como comunicar-se de maneira eficaz com diferentes tipos de clientes.

> "Conhecer o cliente não é apenas entender suas necessidades, mas também antecipar seus desejos."
> *Referência: "O Cliente é o Rei", de John Doe*

# Capítulo 2: Comunicação Eficaz com Diferentes Tipos de Clientes

Certa vez, enquanto analisava os feedbacks dos clientes, percebi um padrão claro: as comunicações da minha equipe não estavam sendo bem compreendidas por todos. As necessidades e expectativas variavam tanto que parecia impossível agradar a todos com a mesma abordagem.

Decidi fazer algo diferente, comecei a compartilhar algumas histórias de clientes que tínhamos atendido recentemente. Usei essas histórias para ilustrar como diferentes clientes tinham diferentes expectativas.

Por exemplo, lembrei de um cliente, o Sr. Cleinne, que sempre estava com pressa. Ele queria respostas rápidas e diretas, sem rodeios. Conversar com ele era como jogar uma partida de ping-pong: ritmo rápido, respostas curtas e precisas. Eu o chamava de cliente "pragmático".

Depois, falei sobre o Erdiley, que adorava detalhes. Ela queria saber o "como" e o "porquê" de tudo. Explicar coisas para ela era como montar um quebra-cabeça, onde cada peça era crucial. Chamamos esse perfil de cliente "detalhista".

Também havia a Suely, uma cliente muito emocional. Ela precisava sentir uma conexão e saber que estávamos realmente interessados em ajudá-la. Conversar com ela era como estar num longo e reconfortante abraço. Para ela, cada palavra contava. Esta era a nossa cliente "emocional".

Finalmente, mencionei a Dra. Flaviana, uma cliente analítica que sempre pedia dados e estatísticas antes de tomar uma decisão. Falar com ela era como construir um edifício: cada argumento tinha que ser sólido e bem fundamentado. Este era o cliente "analítico".

## A Importância da Comunicação Adaptada

Comunicar-se de maneira eficaz com diferentes tipos de clientes é como ajustar o tom e o estilo de uma apresentação para diferentes audiências. Você não usaria o mesmo tom em uma reunião formal de negócios e em uma conversa casual com amigos. Da mesma forma, adaptar sua comunicação ao perfil do cliente é crucial para estabelecer uma conexão genuína e promover uma relação produtiva.

## Estilos de Comunicação

Assim como existem diferentes estilos de liderança, também há estilos variados de comunicação. Identificar o estilo preferido de seu cliente ajuda a tornar a comunicação mais eficaz e envolvente.

**Principais Estilos de Comunicação:**

1. **Direto e Objetivo:** Alguns clientes preferem uma comunicação clara e direta, sem rodeios. Imagine um

cirurgião discutindo um procedimento – a precisão e a clareza são essenciais.

2. **Amigável e Conversacional:** Outros clientes respondem melhor a uma abordagem mais amigável e descontraída. É como conversar com um velho amigo – a informalidade ajuda a construir um relacionamento mais próximo.

3. **Analítico e Detalhado:** Alguns clientes valorizam informações detalhadas e análises profundas. É como apresentar um relatório técnico – a riqueza de detalhes e a precisão são apreciadas.

4. **Inspirador e Motivacional:** Alguns clientes precisam de uma abordagem que os inspire e motive. Imagine um treinador motivando sua equipe antes de um jogo – é sobre energia e entusiasmo.

## Adaptando sua Mensagem

Adaptar sua mensagem ao estilo de comunicação do cliente é como ajustar o volume e o ritmo de uma música para se adequar ao ambiente. Se você tocar uma música animada em um ambiente calmo, ela pode não ser bem recebida. Da mesma forma, sua mensagem deve ressoar com o estilo e as preferências do cliente.

**Estratégias para Adaptar sua Mensagem:**

1. **Entenda o Perfil do Cliente:** Use as informações sobre o perfil do cliente para ajustar seu tom e estilo de comunicação. Por exemplo, se você sabe que seu cliente é analítico, prepare dados e análises detalhadas para sustentar sua proposta.

2. **Escolha o Canal Adequado:** Cada cliente tem preferências diferentes sobre como receber informações. Alguns preferem e-mails detalhados, enquanto outros preferem uma conversa rápida por telefone ou mensagens instantâneas.

3. **Use Linguagem Relevante:** Ajuste a linguagem e os termos que você usa para corresponder ao nível de familiaridade e ao estilo do cliente. Evite jargões técnicos com clientes que não estão familiarizados com o setor e use uma linguagem mais simples e acessível.

## Técnicas de Escuta Ativa

Escutar ativamente é como ser um detetive que coleta pistas importantes sobre o que o cliente realmente deseja. A escuta ativa não é apenas ouvir as palavras, mas compreender o significado e as emoções por trás delas.

**Passos para Praticar a Escuta Ativa:**

1. **Preste Atenção Plena:** Esteja totalmente presente na conversa. Evite distrações e mostre que está ouvindo com atenção.

2. **Faça Perguntas Clarificadoras:** Pergunte sobre pontos que não estão claros para garantir que você entenda corretamente as necessidades e preocupações do cliente.

3. **Reflita e Parafraseie:** Repita o que o cliente disse com suas próprias palavras para confirmar que você compreendeu corretamente. Isso também demonstra que você está engajado na conversa.

4. **Responda de Forma Empática:** Mostre compreensão e empatia em suas respostas. Se um cliente está frustrado, valide seus sentimentos e ofereça soluções que abordem suas preocupações.

## Atividade Prática: Personalizando a Comunicação

Para ajudar a aplicar os conceitos discutidos neste capítulo, siga as etapas abaixo:

1. **Identifique um Cliente:** Escolha um cliente atual ou fictício. Utilize as informações disponíveis para

determinar o perfil e o estilo de comunicação preferido desse cliente.

2. **Desenvolva uma Estratégia de Comunicação:** Crie um plano de comunicação adaptado ao estilo do cliente. Especifique como você ajustaria sua mensagem, canal de comunicação e linguagem para se alinhar ao perfil do cliente.

**Exemplo:** Se o cliente é analítico e prefere informações detalhadas, elabore uma proposta com dados abrangentes e análises claras. Se o cliente é amigável e conversacional, prepare um e-mail mais informal e pessoal.

3. **Simule uma Conversa:** Faça um role-play ou escreva um diálogo simulado baseado no perfil do cliente que você escolheu. Use o estilo de comunicação adaptado e aplique técnicas de escuta ativa na conversa simulada.

4. **Reflexão:** Depois de completar a atividade, reflita sobre os seguintes pontos:
    - Como a adaptação da comunicação afetou a eficácia da interação?
    - Quais desafios você encontrou ao tentar ajustar sua abordagem?

- O que você aprendeu sobre o estilo de comunicação do cliente e como isso pode melhorar suas futuras interações?

## Conclusão

Comunicar-se de forma eficaz com diferentes tipos de clientes é um aspecto crucial para o sucesso em vendas. Ao adaptar sua mensagem ao estilo de comunicação do cliente e praticar a escuta ativa, você constrói uma conexão mais forte e facilita o processo de vendas. No próximo capítulo, vamos explorar como identificar as necessidades e desejos específicos dos clientes para oferecer soluções que realmente atendam às suas expectativas.

"A comunicação não é apenas sobre o que você diz, mas sobre o quanto você entende o que o cliente está tentando dizer."

*Referência: "A Arte da Comunicação", de Jane Smith*

# Capítulo 3: Identificando as Necessidades e Desejos dos Clientes

Em um momento decisivo para a minha empresa, enfrentei o desafio de criar uma proposta de valor que realmente se destacasse no mercado. Com a concorrência crescente, sabia que precisava oferecer algo mais do que uma simples lista de características do produto.

Reuni minha equipe para um brainstorming sobre como transformar nossas ofertas em soluções irresistíveis. Durante a sessão, usei exemplos de propostas de valor que eu mesmo havia encontrado inspiradoras e expliquei como esses exemplos haviam influenciado minha percepção de valor.

Ao longo do processo, conduzi a equipe em uma série de exercícios para identificar os pontos de dor dos clientes e como nossas ofertas poderiam ser ajustadas para resolver esses problemas de maneira mais eficaz. Demonstrei como criar uma proposta de valor que não apenas destacasse as características do produto, mas também mostrasse claramente como essas características atendiam às necessidades e desejos dos clientes.

Minha equipe começou a aplicar essas técnicas em suas propostas e, como resultado, as ofertas se tornaram mais atraentes e convincentes. A resposta do mercado foi positiva, e as vendas aumentaram significativamente.

Essa experiência reforçou para mim a importância de criar propostas de valor que realmente ressoem com os clientes e ofereçam soluções para seus problemas específicos.

## A Importância de Conhecer as Necessidades e Desejos

Entender as necessidades e desejos dos clientes é como ter um mapa detalhado para uma jornada. Sem esse mapa, você pode se perder e acabar em um destino que não atende às expectativas do cliente. Conhecer essas necessidades permite oferecer soluções precisas e valiosas, construindo uma base sólida para uma relação de longo prazo.

## Métodos para Identificar Necessidades e Desejos

Existem várias maneiras de descobrir o que os clientes realmente precisam e desejam. Cada método oferece uma perspectiva diferente e pode ser usado em conjunto para obter um quadro mais completo.

### 1. Entrevistas e Questionários

Realizar entrevistas e enviar questionários é como fazer uma investigação detalhada para entender as preferências e desafios do cliente. Eles fornecem informações diretas sobre o que o cliente valoriza e quais são suas principais necessidades.

**Analogias:**

- **Entrevistas:** Imagine que você está conduzindo uma série de conversas com um explorador que conhece bem a região. Cada pergunta é uma pista que revela mais sobre o terreno desconhecido, ajudando você a se preparar melhor para a jornada.

- **Questionários:** Pense nos questionários como mapas antigos que mostram detalhes importantes sobre a área que você está explorando. Eles oferecem uma visão geral e ajudam a orientar sua rota.

**Dicas para Conduzir Entrevistas Eficazes:**

- **Prepare Perguntas Relevantes:** Desenvolva perguntas abertas que incentivem o cliente a compartilhar suas experiências e desafios.

- **Escute com Atenção:** Ouça atentamente as respostas e faça perguntas de acompanhamento para obter mais detalhes.

- **Anote Observações:** Registre as informações-chave para análise posterior.

**Dicas para Questionários:**

- **Seja Claro e Objetivo:** Faça perguntas claras e específicas para obter respostas precisas.

- **Use Escalas e Opções Múltiplas:** Inclua escalas de avaliação e opções múltiplas para facilitar a análise.

**2. Observação e Análise de Comportamento**

A observação do comportamento do cliente é como ser um cientista observando um experimento. Você coleta dados sobre como os clientes interagem com seu produto ou serviço e identifica padrões que indicam suas necessidades e desejos.

**Analogias:**

- **Observação:** Imagine ser um jardineiro observando suas plantas. Você nota quais áreas da planta estão mais verdes e saudáveis e quais precisam de mais atenção. Da mesma forma, observar como os clientes interagem com seu produto revela áreas que estão indo bem e outras que podem precisar de melhorias.

- **Análise de Comportamento:** Pense em analisar dados de comportamento como examinar um quadro de estrelas. Cada padrão e agrupamento fornece uma visão sobre o que está acontecendo, ajudando você a entender a constelação de necessidades e desejos dos clientes.

**Dicas para Observação Eficaz:**

- **Monitore Interações:** Observe como os clientes usam seu produto ou serviço e onde eles enfrentam dificuldades.

- **Analise Dados de Uso:** Examine dados de comportamento, como tempo gasto em páginas do site ou frequência de uso de determinadas funcionalidades.

### 3. Feedback e Avaliações

O feedback dos clientes e as avaliações são como receber um relatório direto do terreno. Eles fornecem insights valiosos sobre o que os clientes pensam e sentem em relação ao seu produto ou serviço.

**Analogias:**

- **Feedback:** Pense no feedback como receber cartas de um viajante que esteve em sua cidade. Eles descrevem suas experiências e fornecem dicas sobre o que pode ser melhorado para futuras visitas.

- **Avaliações:** Imagine avaliações como um diário de bordo de uma expedição. Cada entrada fornece um relato detalhado das experiências dos clientes e oferece indicações de como ajustar sua rota para melhorar a jornada.

**Dicas para Coletar Feedback:**

- **Solicite Feedback Regularmente:** Envie pesquisas de satisfação ou peça feedback após interações importantes.

- **Analise Tendências:** Procure padrões nas respostas para identificar áreas de melhoria e oportunidades.

## Técnicas para Identificar Desejos Subjacentes

Além das necessidades explícitas, entender os desejos subjacentes dos clientes é crucial para oferecer soluções que realmente os encantem.

### 1. Perguntas de Exploração

Faça perguntas que ajudem a descobrir os desejos mais profundos dos clientes. Por exemplo, pergunte sobre os objetivos e aspirações deles em relação ao uso do seu produto ou serviço.

**Analogias:**

- **Perguntas de Exploração:** Imagine ser um arqueólogo desenterrando um antigo tesouro. Cada pergunta é como uma escavação cuidadosa que revela camadas mais profundas e preciosas sobre os verdadeiros desejos dos clientes.

**Exemplo de Pergunta:** "Se você pudesse melhorar uma coisa em nosso serviço, o que seria e por quê?"

## 2. Análise de Tendências e Padrões

Observe tendências e padrões no comportamento dos clientes para identificar desejos não expressos. Isso pode incluir análises de dados de compras ou comportamento de navegação.

**Analogias:**

- **Análise de Tendências:** Pense em analisar tendências como interpretar um gráfico de crescimento. Cada ponto de dados fornece uma visão sobre o progresso e as preferências do cliente, ajudando você a antecipar futuras necessidades e desejos.

**Exemplo de Análise:** Se você percebe que muitos clientes compram acessórios adicionais, isso pode indicar um desejo de personalização ou uma experiência mais completa.

## Aplicando o Conhecimento das Necessidades e Desejos

Depois de identificar as necessidades e desejos dos clientes, é hora de aplicar esse conhecimento para criar ofertas personalizadas e relevantes.

**Dicas para Aplicação:**

- **Desenvolva Soluções Personalizadas:** Use o que aprendeu para criar produtos ou serviços que atendam às necessidades e desejos específicos dos clientes.

- **Comunique-se de Forma Relevante:** Adapte suas mensagens de marketing e vendas para ressoar com as necessidades e desejos identificados.

## Atividade Prática: Identificação de Necessidades e Desejos

Para ajudar a aplicar os conceitos discutidos neste capítulo, siga as etapas abaixo:

1. **Escolha um Cliente:** Selecione um cliente atual ou fictício para focar nesta atividade. Reúna todas as informações disponíveis sobre o cliente.

2. **Coleta de Dados:** Use uma combinação de entrevistas, questionários e observação para coletar informações sobre as necessidades e desejos do cliente. Prepare um conjunto de perguntas para obter insights relevantes.

3. **Análise das Necessidades e Desejos:** Organize e analise as informações coletadas para identificar as principais necessidades e desejos do cliente. Crie uma lista detalhada com base nos dados obtidos.

4. **Desenvolvimento de Soluções:** Com base na análise, desenvolva propostas de soluções ou melhorias que atendam às necessidades e desejos identificados. Elabore um plano para implementar essas soluções e ajustar sua comunicação para destacar esses pontos.

5. **Reflexão:** Após concluir a atividade, reflita sobre os seguintes pontos:

    - Como a coleta de dados ajudou a entender melhor o cliente?
    - Quais foram os maiores desafios ao identificar as necessidades e desejos?

- Como a aplicação desse conhecimento pode impactar suas futuras interações com o cliente?

## Conclusão

Identificar as necessidades e desejos dos clientes é essencial para oferecer soluções que realmente atendam às suas expectativas. Ao usar métodos como entrevistas, observação e feedback, e ao aplicar técnicas para descobrir desejos subjacentes, você pode criar ofertas personalizadas que encantam os clientes e fortalecem a relação. No próximo capítulo, vamos explorar como construir um relacionamento de longo prazo com os clientes, garantindo sua satisfação e lealdade.

**"Uma proposta de valor é o seu convite para um relacionamento duradouro; faça-o pessoal e irresistível."**

*Referência: "O Segredo das Propostas de Valor", de Michael Brown*

# Capítulo 4: Desenvolvendo Propostas de Valor Personalizadas

Percebi que minha equipe estava enfrentando dificuldades em proporcionar um atendimento realmente personalizado aos clientes. Sabia que a personalização era um fator chave para criar uma experiência positiva e diferenciada.

Decidido a resolver o problema, implementei um novo sistema de gestão de clientes que permitia armazenar e acessar informações detalhadas sobre cada cliente. Organizei sessões de treinamento para a equipe, onde enfatizei a importância de usar essas informações para personalizar cada interação com o cliente.

Durante o treinamento, compartilhei uma história sobre uma vez em que eu mesmo havia recebido um atendimento personalizado que me fez sentir valorizado e compreendido. Usei essa experiência para ilustrar como a personalização pode transformar uma simples transação em uma experiência memorável.

A equipe começou a aplicar o novo sistema e as técnicas de personalização no atendimento diário. Observei uma melhoria significativa na satisfação dos clientes e um aumento nas taxas de retenção. A equipe estava mais engajada e os clientes estavam respondendo positivamente ao atendimento personalizado que estavam recebendo.

Aprendi que a personalização não é apenas uma técnica, mas uma filosofia que deve ser incorporada em cada interação com o cliente para criar experiências verdadeiramente impactantes.

## A Importância de Propostas de Valor Personalizadas

Desenvolver propostas de valor personalizadas é como criar um traje sob medida. Enquanto um terno pronto pode servir para várias ocasiões, um traje personalizado é feito exatamente para se ajustar ao corpo e às necessidades específicas de quem o veste. Da mesma forma, uma proposta de valor personalizada é feita sob medida para atender às necessidades e desejos específicos do cliente, aumentando a relevância e a probabilidade de sucesso.

## Compreendendo o Que é uma Proposta de Valor

Uma proposta de valor é a promessa de valor que você oferece ao cliente em troca do seu tempo, dinheiro ou atenção. Ela deve destacar claramente como seu produto ou serviço resolve um problema ou atende a uma necessidade melhor do que qualquer outra opção disponível.

**Analogias:**

- **Proposta de Valor:** Imagine uma receita especial de um chef renomado. A proposta de valor é o que torna essa receita única e irresistível, destacando seus ingredientes exclusivos e o sabor incomparável que oferece.

## Componentes de uma Proposta de Valor Personalizada

Para criar uma proposta de valor eficaz, você precisa integrar vários componentes-chave que a tornem atraente e relevante para o cliente.

### 1. Benefícios Específicos

Os benefícios são como o valor nutricional de uma refeição – eles mostram o que o cliente ganha ao consumir seu produto ou serviço. É importante destacar não apenas o que você oferece, mas como isso resolve problemas ou melhora a vida do cliente.

**Analogias:**

- **Benefícios Específicos:** Pense nos benefícios como os ingredientes de uma receita. Cada ingrediente tem um papel específico e contribui para o resultado final, tornando o prato saboroso e nutritivo.

**Dicas para Identificar Benefícios:**

- **Enfatize Resultados:** Mostre claramente como seu produto ou serviço leva a resultados concretos e positivos.

- **Use Exemplos Reais:** Forneça exemplos de como outros clientes se beneficiaram.

**2. Diferenciação da Concorrência**

A diferenciação é como escolher um restaurante em uma cidade cheia de opções. O que faz seu restaurante se destacar entre os demais? Da mesma forma, sua proposta de valor deve destacar o que faz seu produto ou serviço único e melhor em comparação com a concorrência.

**Analogias:**

- **Diferenciação:** Imagine uma feira com diversos estandes vendendo o mesmo tipo de produto. O estande que oferece uma experiência única ou um diferencial marcante atrai mais a atenção dos visitantes.

1. **Escolha um Cliente:** Selecione um cliente atual ou fictício e reúna informações sobre suas necessidades e desejos.

2. **Identifique Benefícios Específicos:** Liste os benefícios específicos que seu produto ou serviço oferece e como eles atendem às necessidades do cliente.

3. **Destaque a Diferenciação:** Determine o que torna seu produto ou serviço único e como ele se diferencia da concorrência.

4. **Avalie o Valor Percebido:** Reflita sobre como seu produto ou serviço é percebido pelo cliente e ajuste sua proposta para aumentar esse valor.

5. **Crie a Proposta de Valor:** Desenvolva uma proposta de valor personalizada que combine todos os componentes discutidos. Escreva uma declaração clara que destaque os benefícios, a diferenciação e o valor percebido.

6. **Reflexão:** Após concluir a atividade, reflita sobre os seguintes pontos:
   - Como a proposta de valor personalizada pode impactar a decisão do cliente?

**Dicas para Diferenciação:**

- **Identifique o Ponto de Exclusividade:** O que seu produto ou serviço oferece que os concorrentes não oferecem?
- **Comunique Claro e Eficazmente:** Destaque suas vantagens de forma clara e atraente.

### 3. Valor Percebido

O valor percebido é como a percepção de um bem em um mercado de luxo. Mesmo que o produto tenha um custo elevado, seu valor percebido pode ser muito alto devido à sua exclusividade e benefícios únicos. A proposta de valor deve garantir que o cliente veja seu produto ou serviço como um investimento valioso.

**Analogias:**

- **Valor Percebido:** Pense em uma joia rara. O valor percebido não vem apenas do material, mas da exclusividade e da história por trás dela, o que a torna desejável e valiosa.

**Dicas para aumentar o Valor Percebido:**

- **Apele para Emoções:** Use histórias e provas sociais para mostrar como seu produto ou serviço pode melhorar a vida do cliente.

- **Destaque Exclusividades:** Enfatize aspectos únicos que agregam valor ao cliente.

## Personalizando a Proposta de Valor

A personalização é como ajustar uma receita para atender às preferências específicas de um grupo de convidados. Cada cliente tem suas próprias necessidades e desejos, e sua proposta de valor deve ser ajustada para atender a essas expectativas individuais.

**Analogias:**

- **Personalização:** Imagine preparar um prato especial para um cliente que tem restrições alimentares. Ajustar a receita para atender a essas necessidades garante que o cliente tenha uma experiência satisfatória e personalizada.

**Dicas para Personalização:**

- **Entenda o Cliente:** Use as informações coletadas sobre o cliente para ajustar sua proposta de valor.

- **Seja Específico:** Adapte sua mensagem para refletir as necessidades e desejos específicos do cliente.

## Aplicando a Proposta de Valor

Uma vez desenvolvida, sua proposta de valor deve ser aplicada de maneira eficaz em suas interações com o cliente. Isso inclui a comunicação durante apresentações de vendas, materiais de marketing e negociações.

**Analogias:**

- **Aplicação da Proposta de Valor:** Pense em um vendedor oferecendo um carro em uma feira de automóveis. A proposta de valor precisa ser apresentada de forma atraente e convincente, destacar o carro como a melhor opção entre as demais.

**Dicas para Aplicação:**

- **Seja Claro e Convincente:** Comunique sua proposta de valor de forma clara e convincente.

- **Ajuste Conforme Necessário:** Esteja pronto para adaptar sua proposta com base no cliente.

## Atividade Prática: Desenvolvendo uma Proposta de Valor Personalizada

Para ajudar a aplicar os conceitos discutidos, siga as etapas abaixo:

**Dicas para Diferenciação:**

- **Identifique o Ponto de Exclusividade:** O que seu produto ou serviço oferece que os concorrentes não oferecem?
- **Comunique Claro e Eficazmente:** Destaque suas vantagens de forma clara e atraente.

### 3. Valor Percebido

O valor percebido é como a percepção de um bem em um mercado de luxo. Mesmo que o produto tenha um custo elevado, seu valor percebido pode ser muito alto devido à sua exclusividade e benefícios únicos. A proposta de valor deve garantir que o cliente veja seu produto ou serviço como um investimento valioso.

**Analogias:**

- **Valor Percebido:** Pense em uma joia rara. O valor percebido não vem apenas do material, mas da exclusividade e da história por trás dela, o que a torna desejável e valiosa.

**Dicas para aumentar o Valor Percebido:**

- **Apele para Emoções:** Use histórias e provas sociais para mostrar como seu produto ou serviço pode melhorar a vida do cliente.

- **Destaque Exclusividades:** Enfatize aspectos únicos que agregam valor ao cliente.

## Personalizando a Proposta de Valor

A personalização é como ajustar uma receita para atender às preferências específicas de um grupo de convidados. Cada cliente tem suas próprias necessidades e desejos, e sua proposta de valor deve ser ajustada para atender a essas expectativas individuais.

### Analogias:

- **Personalização:** Imagine preparar um prato especial para um cliente que tem restrições alimentares. Ajustar a receita para atender a essas necessidades garante que o cliente tenha uma experiência satisfatória e personalizada.

### Dicas para Personalização:

- **Entenda o Cliente:** Use as informações coletadas sobre o cliente para ajustar sua proposta de valor.

- **Seja Específico:** Adapte sua mensagem para refletir as necessidades e desejos específicos do cliente.

## Aplicando a Proposta de Valor

Uma vez desenvolvida, sua proposta de valor deve ser aplicada de maneira eficaz em suas interações com o cliente. Isso inclui a comunicação durante apresentações de vendas, materiais de marketing e negociações.

**Analogias:**

- **Aplicação da Proposta de Valor:** Pense em um vendedor oferecendo um carro em uma feira de automóveis. A proposta de valor precisa ser apresentada de forma atraente e convincente para destacar o carro como a melhor opção entre muitos.

**Dicas para Aplicação:**

- **Seja Claro e Convincente:** Comunique sua proposta de valor de forma clara e com confiança.

- **Ajuste Conforme Necessário:** Esteja preparado para adaptar sua proposta com base no feedback do cliente.

## Atividade Prática: Desenvolvendo uma Proposta de Valor Personalizada

Para ajudar a aplicar os conceitos discutidos neste capítulo, siga as etapas abaixo:

1. **Escolha um Cliente:** Selecione um cliente atual ou fictício e reúna informações sobre suas necessidades e desejos.

2. **Identifique Benefícios Específicos:** Liste os benefícios específicos que seu produto ou serviço oferece e como eles atendem às necessidades do cliente.

3. **Destaque a Diferenciação:** Determine o que torna seu produto ou serviço único e como ele se diferencia da concorrência.

4. **Avalie o Valor Percebido:** Reflita sobre como seu produto ou serviço é percebido pelo cliente e ajuste sua proposta para aumentar esse valor.

5. **Crie a Proposta de Valor:** Desenvolva uma proposta de valor personalizada que combine todos os componentes discutidos. Escreva uma declaração clara que destaque os benefícios, a diferenciação e o valor percebido.

6. **Reflexão:** Após concluir a atividade, reflita sobre os seguintes pontos:
    - Como a proposta de valor personalizada pode impactar a decisão do cliente?

- Quais desafios você encontrou ao criar a proposta de valor?
- Como você pode aplicar esse conhecimento em futuras interações com clientes?

## Conclusão

Desenvolver propostas de valor personalizadas é crucial para oferecer soluções que atendam às necessidades específicas dos clientes e se destaquem da concorrência. Ao integrar benefícios específicos, diferenciação e valor percebido, você cria uma proposta que ressoa com o cliente e fortalece a sua posição no mercado. No próximo capítulo, vamos explorar estratégias para construir e manter um relacionamento de longo prazo com os clientes.

> **"Personalizar não é apenas um ato de serviço; é uma estratégia para ganhar lealdade."**
>
> *Referência: "O Guia da Personalização", de Sarah Wilson*

# Capítulo 5: Estabelecendo Relações de Longo Prazo com Clientes

Eu sabia que construir relacionamentos duradouros com clientes era essencial para o sucesso da minha empresa. Percebi que, apesar dos esforços para oferecer um bom atendimento, muitos clientes não estavam se tornando leais e recorrentes.

Para resolver isso, iniciei um programa de acompanhamento pós-venda que visava manter o contato com os clientes mesmo após a compra. Organizei uma série de eventos e webinars para clientes, onde eles poderiam aprender mais sobre o produto e compartilhar suas experiências.

Durante um desses eventos, compartilhei uma experiência pessoal de um cliente que havia se tornado um defensor da marca devido ao suporte contínuo e ao relacionamento próximo que tinha com a equipe. Usei essa história para destacar a importância de investir no relacionamento com os clientes e como isso pode resultar em lealdade e defesa.

O programa de acompanhamento foi um sucesso. A equipe começou a perceber um aumento na retenção de clientes e na promoção positiva da marca. Aprendi que manter um contato contínuo e oferecer suporte adicional pode fortalecer significativamente os relacionamentos com os clientes.

## A Importância de Relacionamentos de Longo Prazo

Estabelecer relações de longo prazo com clientes é como cultivar um jardim. Inicialmente, você planta a semente e cuida dela com atenção, mas o verdadeiro valor vem com o tempo, quando as plantas crescem e florescem. Da mesma forma, construir um relacionamento duradouro exige investimento de tempo e esforço, mas os frutos são clientes leais e satisfeitos que ajudam a promover seu negócio.

## Estratégias para Construir Relações Duradouras

Para cultivar essas relações, você precisa adotar estratégias que vão além da venda inicial e focar no atendimento contínuo e na satisfação do cliente.

### 1. Comunicação Contínua e Relevante

Manter uma comunicação constante é como manter um diálogo regular com um amigo próximo. Isso ajuda a manter o relacionamento forte e saudável, mesmo quando não há um motivo específico para conversar.

**Analogias:**

- **Comunicação Contínua:** Imagine estar em contato regular com um amigo para saber como ele está.

Essa comunicação frequente ajuda a fortalecer o vínculo e a omnichannel construir uma relação de confiança.

**Dicas para Comunicação Contínua:**

- **Envie Atualizações Regulares:** Mantenha os clientes informados sobre novidades, ofertas e atualizações relevantes.

- **Personalize as Mensagens:** Adapte suas comunicações para refletir as preferências e necessidades individuais dos clientes.

## 2. Ofereça Atendimento ao Cliente Excepcional

Um atendimento ao cliente excepcional é como um serviço de concierge em um hotel de luxo. Ele faz com que o cliente se sinta especial e bem tratado, o que é crucial para manter um relacionamento de longo prazo.

**Analogias:**

- **Atendimento ao Cliente:** Pense em um concierge que se preocupa com todos os detalhes para garantir que sua estadia seja perfeita. Da mesma forma, um atendimento excepcional cuida das necessidades do cliente de forma meticulosa e personalizada.

**Dicas para Atendimento Excepcional:**

- **Esteja Disponível e Acessível:** Garanta que os clientes possam facilmente entrar em contato com você para resolver problemas ou fazer perguntas.

- **Resolva Problemas Rapidamente:** Aborde e resolva quaisquer problemas ou preocupações de forma rápida e eficaz.

### 3. Solicite e Utilize Feedback

Solicitar e utilizar feedback é como ouvir conselhos valiosos de um mentor. Ele fornece insights sobre o que está funcionando e onde há espaço para melhorias, permitindo que você ajuste sua abordagem para melhor atender às expectativas dos clientes.

**Analogias:**

- **Feedback:** Imagine ter um mentor que oferece orientações para melhorar seu desempenho. O feedback dos clientes é semelhante, fornecendo informações valiosas sobre como aprimorar seu serviço e melhor atender às suas necessidades.

**Dicas para Solicitar Feedback:**

- **Peça Opiniões Regularmente:** Envie pesquisas de satisfação ou peça feedback após interações importantes.

- **Aja Com Base no Feedback:** Use o feedback recebido para fazer melhorias e ajustar suas práticas.

### 4. Valorize a Fidelidade do Cliente

Valorizar a fidelidade do cliente é como recompensar um amigo leal com um presente especial. Mostrar apreciação fortalece o vínculo e incentiva a continuidade do relacionamento.

**Analogias:**

- **Fidelidade do Cliente:** Pense em reconhecer um amigo leal com um presente significativo. Esse gesto de apreciação reforça a relação e a lealdade.

**Dicas para Valorizar a Fidelidade:**

- **Ofereça Benefícios Exclusivos:** Proporcione ofertas e recompensas especiais para clientes fiéis.

- **Reconheça a Lealdade:** Mostre apreço de maneiras personalizadas e significativas.

## Construindo Relacionamentos Baseados em Confiança

A confiança é a base de qualquer relacionamento duradouro. Construí-la requer consistência, honestidade e transparência em todas as interações com o cliente.

### Analogias:

- **Confiança:** Imagine construir uma ponte sólida entre duas margens. Cada interação e compromisso é como um pilar que sustenta essa ponte, tornando-a forte e estável.

### Dicas para Construir Confiança:

- **Seja Transparente:** Comunique-se de forma clara e honesta sobre o que seu produto ou serviço pode oferecer.

- **Mantenha Seus Compromissos:** Cumprir suas promessas e compromissos é crucial para manter a confiança.

## Aplicando Estratégias de Relacionamento

Depois de implementar as estratégias para construir relacionamentos duradouros, é importante monitorar e ajustar sua abordagem conforme necessário.

**Analogias:**

- **Aplicação de Estratégias:** Pense em ajustar estratégias como ajustar o plano de cuidados para um jardim. Conforme as plantas crescem e mudam, você precisa ajustar sua abordagem para garantir que continuem a prosperar.

**Dicas para Aplicação:**

- **Avalie o Sucesso das Estratégias:** Monitore a eficácia de suas estratégias e faça ajustes baseados em feedback e resultados.

- **Seja Adaptável:** Esteja disposto a adaptar sua abordagem conforme as necessidades e expectativas dos clientes evoluem.

## Atividade Prática: Construindo e Mantendo Relações de Longo Prazo

Para ajudar a aplicar os conceitos discutidos neste capítulo, siga as etapas abaixo:

1. **Escolha um Cliente:** Selecione um cliente atual ou fictício para focar nesta atividade. Reúna informações sobre o histórico de relacionamento e interações anteriores.

2. **Planeje a Comunicação Contínua:** Desenvolva um plano de comunicação que inclua atualizações regulares, ofertas especiais e mensagens personalizadas.

3. **Implemente Atendimento ao Cliente:** Crie um plano para oferecer um atendimento ao cliente excepcional, incluindo formas de resolver problemas rapidamente e de maneira eficaz.

4. **Solicite Feedback:** Elabore uma pesquisa de satisfação ou outro método para coletar feedback do cliente e use as informações para fazer melhorias.

5. **Desenvolva um Programa de Fidelidade:** Planeje e implemente um programa ou sistema para reconhecer e recompensar a fidelidade do cliente.

6. **Reflexão:** Após concluir a atividade, reflita sobre os seguintes pontos:

    - Como a comunicação contínua e o atendimento ao cliente impactaram a relação com o cliente?
    - Quais foram os maiores desafios ao implementar as estratégias de relacionamento?

- Como o feedback dos clientes ajudou a ajustar sua abordagem?

## Conclusão

Estabelecer e manter relações de longo prazo com clientes é essencial para o sucesso sustentável do negócio. Ao investir em comunicação contínua, oferecer atendimento excepcional, utilizar feedback e valorizar a fidelidade, você constrói uma base sólida de clientes leais que contribuirão para o crescimento e sucesso do seu negócio. No próximo capítulo, vamos explorar técnicas avançadas para maximizar a satisfação do cliente e promover a lealdade.

**"Clientes leais não compram apenas produtos, compram a experiência que você oferece."**

*Referência: "Lealdade e Relacionamento", de David Taylor*

# Capítulo 6: Técnicas Avançadas para Maximizar a Satisfação do Cliente

Quando me deparei com um grande contrato em potencial, sabia que a negociação seria um desafio. O cliente era conhecido por ser exigente e difícil de convencer, e eu estava determinado a usar minhas habilidades de negociação para fechar o negócio com sucesso.

Preparei-me meticulosamente para a negociação. Estudei o cliente, identifiquei suas principais necessidades e desejos, e formulei uma estratégia que destacava como minha oferta poderia atender a esses pontos. Durante as negociações, usei técnicas de escuta ativa para entender melhor as objeções e preocupações do cliente.

Lembrei-me de uma negociação anterior em que, ao não abordar adequadamente as objeções do cliente, perdi uma oportunidade valiosa. Utilizei essa experiência para ajustar minha abordagem e garantir que todas as preocupações do cliente fossem abordadas de forma eficaz.

A negociação foi desafiadora, mas minha abordagem cuidadosa e minha habilidade em lidar com objeções permitiram fechar o contrato com sucesso. A experiência reforçou para mim a importância de me preparar bem, entender o cliente e usar habilidades de negociação eficazes para alcançar resultados positivos.

## A Importância da Satisfação do Cliente

Maximizar a satisfação do cliente é como ajustar o tempero de uma receita. Um prato pode estar quase perfeito, mas pequenos ajustes podem fazer toda a diferença na experiência final. Da mesma forma, garantir que cada aspecto do atendimento ao cliente esteja ajustado às suas expectativas é crucial para criar uma experiência excepcional e garantir a satisfação.

## Técnicas Avançadas para Melhorar a Satisfação do Cliente

Para ir além do básico e realmente impressionar seus clientes, é necessário utilizar técnicas avançadas que se concentram em detalhes e personalização.

### 1. Personalização Aprofundada

A personalização aprofundada é como criar um traje feito sob medida para cada cliente. Em vez de oferecer soluções genéricas, você ajusta sua oferta e comunicação para se alinhar com as necessidades e desejos específicos de cada cliente.

**Analogias:**

- **Personalização Aprofundada:** Pense em um alfaiate que cria um terno perfeitamente ajustado para um cliente, levando em consideração cada detalhe e preferência individual. Essa atenção aos detalhes garante um ajuste perfeito e uma experiência única.

**Dicas para Personalização:**

- **Use Dados do Cliente:** Utilize informações sobre o histórico de compras e preferências para oferecer recomendações e soluções personalizadas.

- **Segmente sua Comunicação:** Adapte suas mensagens para diferentes segmentos de clientes com base em suas necessidades e comportamentos específicos.

## 2. Proatividade na Resolução de Problemas

Ser proativo na resolução de problemas é como antecipar uma tempestade e preparar seu barco com antecedência. Em vez de esperar que um problema surja, você se antecipa e toma medidas para evitar ou resolver questões antes que se tornem grandes problemas.

**Analogias:**

- **Proatividade:** Imagine um navegador que estuda o clima e ajusta sua rota para evitar tempestades. Da mesma forma, antecipar e resolver problemas antes que se tornem críticos ajuda a manter a satisfação do cliente e evitar crises.

**Dicas para Proatividade:**

- **Monitore Indicadores de Problemas:** Fique atento a sinais de possíveis problemas ou insatisfações e aja rapidamente para resolver.

- **Comunique-se Antes que o Problema Surja:** Informe os clientes sobre possíveis problemas ou mudanças antes que eles percebam.

### 3. Experiência de Cliente Omnichannel

A experiência omnichannel é como oferecer um serviço de concierge que está disponível em todos os pontos de contato. Garantir uma experiência consistente e integrada em todos os canais de comunicação e venda é crucial para a satisfação do cliente.

**Analogias:**

- **Experiência Omnichannel:** Pense em um serviço de concierge que coordena todas as suas necessidades, desde transporte até reservas de restaurantes, garantindo uma experiência fluida e sem interrupções.

**Dicas para Experiência Omnichannel:**

- **Integre Seus Canais:** Certifique-se de que todos os pontos de contato, como site, redes sociais e atendimento ao cliente, ofereçam uma experiência consistente.

- **Facilite a Transição Entre Canais:** Permita que os clientes transitem facilmente entre canais sem perder o contexto ou o histórico da interação.

## 4. Implementação de Tecnologias de Atendimento ao Cliente

Tecnologias como chatbots e inteligência artificial podem ser como ferramentas avançadas para um chef, ajudando a preparar pratos com precisão e eficiência. Utilizar essas tecnologias para atender rapidamente às necessidades dos clientes e fornecer suporte eficiente é essencial para maximizar a satisfação.

**Analogias:**

- **Tecnologias de Atendimento:** Imagine um chef que usa equipamentos de última geração para preparar refeições com precisão e rapidez. Da mesma forma, tecnologias avançadas ajudam a melhorar a eficiência e a qualidade do atendimento ao cliente.

**Dicas para Implementação de Tecnologias:**

- **Escolha Ferramentas Adequadas:** Selecione tecnologias que atendam às necessidades dos seus clientes e se integrem bem com seus processos existentes.

- **Treine sua Equipe:** Garanta que sua equipe esteja bem treinada para utilizar as tecnologias e oferecer suporte de alta qualidade.

## Medindo a Satisfação do Cliente

Medir a satisfação do cliente é como verificar a temperatura de um prato durante o preparo. É importante saber se tudo está no ponto certo e fazer ajustes conforme necessário.

**Analogias:**

- **Medição da Satisfação:** Pense em um chef que usa um termômetro para garantir que o prato esteja perfeitamente cozido. Da mesma forma, medir a satisfação do cliente ajuda a ajustar sua abordagem e garantir uma experiência excepcional.

**Dicas para Medir Satisfação:**

- **Use Indicadores-Chave:** Utilize métricas como Net Promoter Score (NPS) e Customer Satisfaction Score (CSAT) para avaliar a satisfação do cliente.

- **Analise Feedback Regularmente:** Revise o feedback dos clientes e identifique áreas de melhoria.

## Aplicando Técnicas Avançadas

Implementar técnicas avançadas requer uma abordagem estratégica e um foco constante em melhorias contínuas.

**Analogias:**

- **Aplicação das Técnicas:** Imagine um artista que constantemente aprimora suas habilidades e técnicas para criar obras-primas. Da mesma forma, aplicar técnicas avançadas e buscar melhorias contínuas ajudam a oferecer uma experiência de cliente excepcional.

**Dicas para Aplicação:**

- **Avalie e Ajuste:** Monitore a eficácia das técnicas aplicadas e faça ajustes com base nos resultados e no feedback dos clientes.

- **Esteja Atualizado:** Mantenha-se atualizado sobre novas tecnologias e tendências para garantir que sua abordagem continue a atender às expectativas dos clientes.

## Atividade Prática: Implementação de Técnicas Avançadas de Satisfação do Cliente

Para ajudar a aplicar os conceitos discutidos neste capítulo, siga as etapas abaixo:

1. **Escolha uma Técnica Avançada:** Selecione uma das técnicas avançadas discutidas (personalização aprofundada, proatividade, experiência omnichannel ou tecnologias de atendimento).

2. **Desenvolva um Plano de Implementação:** Crie um plano para implementar a técnica escolhida em seu negócio. Inclua etapas específicas, recursos necessários e cronograma.

3. **Execute a Implementação:** Coloque o plano em prática e faça os ajustes necessários durante o processo.

4. **Avalie o Impacto:** Meça o impacto da técnica aplicada usando métricas de satisfação do cliente e feedback.

5. **Reflexão:** Após concluir a atividade, reflita sobre os seguintes pontos:
    - Como a técnica avançada impactou a satisfação do cliente?

- Quais desafios você encontrou durante a implementação?
- O que você aprendeu com a atividade e como pode aplicar esse conhecimento no futuro?

## Conclusão

Maximizar a satisfação do cliente requer a adoção de técnicas avançadas e um compromisso com a melhoria contínua. Ao utilizar personalização aprofundada, proatividade, experiência omnichannel e tecnologias de atendimento, você pode criar uma experiência excepcional para os clientes e garantir sua lealdade. No próximo capítulo, exploraremos como usar a satisfação do cliente como uma ferramenta para impulsionar o crescimento e a inovação no seu negócio.

> "Gerenciar expectativas é como ajustar o foco de uma câmera: é essencial
> para uma imagem clara e satisfatória."
>
> *Referência: "Expectativas e Satisfação", de Emily Clark*

# Capítulo 7: Transformando a Satisfação do Cliente em Crescimento e Inovação

Eu estava determinado a levar o atendimento ao cliente em minha empresa a um nível superior, como se estivesse buscando transformar um pedaço de carvão em um diamante brilhante. Sabia que a experiência do cliente era crucial para garantir sua satisfação e lealdade.

Decidi então reunir minha equipe para discutir como criar momentos memoráveis para os clientes. Pensei nisso como preparar um banquete especial, onde cada prato e cada detalhe precisam ser excepcionais para deixar uma impressão duradoura.

Durante a reunião, compartilhei uma experiência pessoal em que um atendimento excepcional fez toda a diferença para mim como cliente. Foi como visitar uma pequena loja onde o vendedor não apenas me ajudou a encontrar o que eu precisava, mas fez com que me sentisse valorizado e especial.

Desafiei a equipe a pensar em maneiras de transformar cada interação com o cliente em uma oportunidade para criar uma experiência positiva e inesquecível. Incentivei todos a serem criativos e a ir além das expectativas, como se estivessem planejando uma surpresa incrível para um amigo querido, onde cada gesto e atenção aos detalhes fazem a diferença.

Os resultados foram surpreendentes. A equipe começou a implementar novas práticas e estratégias para melhorar a experiência do cliente, e as avaliações começaram a refletir essa mudança. Aprendi que investir na experiência do cliente é como cultivar um jardim; com dedicação e cuidado, você colhe frutos que resultam em maior satisfação e lealdade.

## A Conexão Entre Satisfação do Cliente e Crescimento

Transformar a satisfação do cliente em crescimento é como transformar uma boa receita em um prato de sucesso. A satisfação não é apenas um objetivo, mas uma ferramenta poderosa para impulsionar o crescimento e a inovação no seu negócio.

**Analogias:**

- **Transformação em Crescimento:** Imagine que você tem um prato popular em um restaurante. A satisfação dos clientes com esse prato pode levar a um aumento na demanda e novas oportunidades de expansão do menu.

## Estratégias para Utilizar a Satisfação do Cliente como Motor de Crescimento

Para transformar a satisfação do cliente em crescimento, é necessário adotar estratégias que aproveitem o feedback e as experiências dos clientes para impulsionar melhorias e inovações.

## 1. Aproveite o Feedback dos Clientes para Inovação

O feedback dos clientes é como um mapa que orienta a exploração de novas áreas. Ele fornece informações valiosas sobre o que os clientes gostam, o que precisa melhorar e onde há oportunidades para inovação.

**Analogias:**

- **Feedback como Mapa:** Pense no feedback dos clientes como um mapa que revela áreas inexploradas e oportunidades de melhorias, ajudando você a traçar a rota para novos caminhos e inovações.

**Dicas para Aproveitar o Feedback:**

- **Analise Tendências:** Identifique padrões e tendências no feedback dos clientes para orientar o desenvolvimento de novos produtos ou melhorias.
- **Implemente Sugestões:** Use o feedback dos clientes para fazer ajustes e aprimorar suas ofertas.

## 2. Use Testemunhos e Casos de Sucesso para Promover Seu Negócio

Testemunhos e casos de sucesso são como recomendações de amigos. Eles oferecem prova social e autenticidade, ajudando a atrair novos clientes e a fortalecer a reputação do seu negócio.

**Analogias:**

- **Testemunhos como Recomendações:** Imagine ouvir a recomendação de um amigo sobre um novo restaurante. Testemunhos e casos de sucesso funcionam da mesma forma, fornecendo prova social e aumentando a confiança em seu negócio.

**Dicas para Utilizar Testemunhos:**

- **Colete Depoimentos:** Solicite e reúna testemunhos de clientes satisfeitos para usar em seu marketing.

- **Compartilhe Casos de Sucesso:** Publique estudos de caso detalhados que mostrem como você ajudou seus clientes a alcançar resultados positivos.

### 3. Inove com Base em Dados de Satisfação

Dados de satisfação são como ingredientes em uma receita de sucesso. Utilizar esses dados para fazer ajustes e criar novas ofertas é crucial para manter a relevância e estimular o crescimento.

**Analogias:**

- **Dados como Ingredientes:** Pense em usar dados de satisfação como ajustar uma receita com base nos ingredientes disponíveis. Esses dados ajudam a criar novas combinações e ajustes que atraem mais clientes.

**Dicas para Inovação com Dados:**

- **Monitore Métricas:** Acompanhe métricas de satisfação, como NPS e CSAT, para identificar áreas para inovação.

- **Experimente Novas Ideias:** Use insights dos dados para testar novas abordagens e ofertas.

**4. Crie Programas de Recompensas para Clientes Leais**

Programas de recompensas são como incentivos para um bom desempenho em uma competição. Eles motivam os clientes a continuar comprando e recomendando seu negócio, fortalecendo a lealdade e promovendo o crescimento.

Analogias:

- **Programas de Recompensas como Incentivos:** Imagine um concurso onde os vencedores recebem prêmios. Programas de recompensas funcionam da mesma forma, incentivando os clientes a permanecer leais e a promover seu negócio.

Dicas para Programas de Recompensas:

- **Desenvolva Ofertas Atraentes:** Crie recompensas e incentivos que sejam atraentes e valiosos para seus clientes.

- **Comunicação Eficaz:** Informe seus clientes sobre os benefícios do programa e como participar.

## Medindo o Impacto da Satisfação no Crescimento

Para avaliar como a satisfação do cliente está contribuindo para o crescimento, é importante medir e analisar o impacto das estratégias implementadas.

Analogias:

- **Medição do Impacto:** Pense em monitorar o crescimento de uma planta. Avaliar o impacto das suas estratégias é como medir o crescimento da planta para garantir que ela esteja prosperando e ajustando os cuidados conforme necessário.

**Dicas para Medir o Impacto:**

- **Acompanhe Indicadores de Crescimento:** Monitore métricas como aumento de vendas, novos clientes e retenção para avaliar o impacto das suas estratégias.

- **Ajuste Conforme Necessário:** Faça ajustes com base na análise dos dados e no feedback para otimizar os resultados.

**Aplicando Estratégias para Transformar Satisfação em Crescimento**

Implementar estratégias para transformar a satisfação do cliente em crescimento requer um planejamento cuidadoso e uma execução eficaz.

**Analogias:**

- **Aplicação das Estratégias:** Imagine um arquiteto que projeta um edifício. A aplicação das estratégias é como seguir o projeto detalhado para construir um edifício sólido e funcional.

**Dicas para Aplicação:**

- **Desenvolva um Plano Estratégico:** Crie um plano detalhado para implementar as estratégias discutidas e defina metas claras.

- **Execute e Avalie:** Coloque o plano em prática e avalie continuamente o progresso e os resultados.

## Atividade Prática: Transformando Satisfação em Crescimento

Para ajudar a aplicar os conceitos discutidos neste capítulo, siga as etapas abaixo:

1. **Colete Feedback dos Clientes:** Reúna feedback recente dos clientes e identifique áreas para inovação e melhoria.

2. **Desenvolva um Plano de Inovação:** Crie um plano para implementar novas ideias e ajustes com base no feedback dos clientes.

3. **Crie um Programa de Recompensas:** Desenvolva um programa de recompensas para incentivar a lealdade dos clientes e atraia novos clientes.

4. **Monitore o Impacto:** Acompanhe indicadores de crescimento para avaliar o impacto das estratégias implementadas.

5. **Reflexão:** Após concluir a atividade, reflita sobre os seguintes pontos:
    - Como o feedback dos clientes ajudou a impulsionar o crescimento?
    - Quais desafios você encontrou ao implementar as estratégias?
    - O que você aprendeu com a atividade e como pode aplicar esse conhecimento no futuro?

## Conclusão

Transformar a satisfação do cliente em crescimento e inovação é essencial para o sucesso sustentável do negócio. Ao aproveitar o feedback dos clientes, utilizar testemunhos, inovar com dados e criar programas de recompensas, você pode impulsionar o crescimento e manter a relevância no mercado. No próximo capítulo, exploraremos como construir uma cultura de excelência no atendimento ao cliente para garantir que essas estratégias sejam mantidas e aprimoradas continuamente.

"A melhoria contínua é a chave para a excelência no atendimento: nunca pare de evoluir."

*Referência: "Excelência em Atendimento", de Richard Davis*

# Capítulo 8: Construindo uma Cultura de Excelência no Atendimento ao Cliente

Notei que, apesar de ter uma base de clientes sólida, a retenção estava me desafiando mais do que eu esperava. Muitos clientes faziam suas compras, mas poucos se tornavam visitantes frequentes. Era como se eu estivesse tentando manter um grupo de amigos em uma festa animada, mas ninguém estava realmente se divertindo o suficiente para ficar até o final.

Então, resolvi colocar a mão na massa e criei um programa de fidelidade, que para mim era como preparar um coquetel especial para manter todos animados. Ofereci benefícios e recompensas para quem retornasse, e além disso, organizei uma série de iniciativas para engajar ainda mais, como newsletters e eventos exclusivos. Pensei nesses eventos como se fossem festas privadas, onde cada cliente fiel era o convidado de honra.

Durante uma reunião com minha equipe, contei uma história que parecia um conto de fadas: um cliente se tornou um verdadeiro fã da nossa marca graças ao programa de fidelidade. Imaginei que fosse como um amigo que se tornou super leal porque você sempre faz pequenos gestos que fazem ele se sentir especial.

Os resultados foram como um final feliz de um bom filme. O programa de fidelidade e as iniciativas de engajamento deram certo, e começamos a ver um aumento na retenção de clientes e no envolvimento com a marca. Aprendi que estratégias bem pensadas são como criar um bom clima em uma festa: com um pouco de criatividade e atenção, você faz com que todos se sintam bem-vindos e querem voltar sempre.

## A Importância de uma Cultura de Excelência

Construir uma cultura de excelência no atendimento ao cliente é como criar uma equipe campeã em um esporte. Todos os membros devem estar alinhados com os mesmos objetivos e valores para alcançar um desempenho excepcional. Uma cultura sólida garante que todos os aspectos do atendimento ao cliente sejam de alta qualidade e consistentes.

**Analogias:**

- **Cultura de Excelência como uma Equipe Campeã:** Imagine um time de esportes que treina e trabalha junto para vencer campeonatos. Da mesma forma, uma cultura de excelência no atendimento garante que todos os membros da equipe estejam trabalhando em conjunto para oferecer um serviço excepcional.

# Estratégias para Construir e Manter uma Cultura de Excelência

Para criar e manter uma cultura de excelência, é necessário adotar estratégias que promovam valores e comportamentos alinhados com a excelência no atendimento ao cliente.

## 1. Defina e Comunique Valores e Expectativas

Definir e comunicar claramente os valores e expectativas é como estabelecer as regras do jogo para um time. Todos os membros da equipe precisam entender o que é esperado e como contribuir para alcançar a excelência.

**Analogias:**

- **Valores e Expectativas como Regras do Jogo:** Pense em um treinador que define as regras e estratégias para sua equipe. Estabelecer valores e expectativas é crucial para garantir que todos saibam o que é necessário para alcançar o sucesso.

**Dicas para Definição e Comunicação:**

- **Crie um Manual de Valores:** Desenvolva um documento que descreva os valores e expectativas em relação ao atendimento ao cliente.
- **Realize Treinamentos Regulares:** Organize sessões de treinamento para garantir que todos os

membros da equipe entendam e estejam alinhados com os valores e expectativas.

## 2. Treine e Desenvolva sua Equipe Continuamente

Treinar e desenvolver sua equipe é como aperfeiçoar as habilidades de um atleta. Investir em treinamento contínuo e desenvolvimento profissional ajuda a manter a equipe atualizada e capacitada para oferecer um atendimento de excelência.

**Analogias:**

- **Treinamento como Aperfeiçoamento de Atletas:** Imagine um atleta que participa de treinamentos regulares para melhorar seu desempenho. Da mesma forma, o treinamento contínuo ajuda sua equipe a aprimorar suas habilidades e oferecer um serviço de alta qualidade.

**Dicas para Treinamento e Desenvolvimento:**

- **Ofereça Treinamentos Regulares:** Proporcione oportunidades de aprendizado e desenvolvimento contínuo para sua equipe.

- **Encoraje a Melhoria Contínua:** Incentive os membros da equipe a buscar novas habilidades e conhecimentos que possam aprimorar o atendimento ao cliente.

### 3. Reconheça e Recompense Desempenho Excepcional

Reconhecer e recompensar o desempenho excepcional é como celebrar as vitórias de um time. O reconhecimento e as recompensas incentivam comportamentos positivos e motivam a equipe a manter um alto padrão de atendimento.

**Analogias:**

- **Reconhecimento como Celebração de Vitórias:** Pense em um time que celebra suas vitórias com troféus e prêmios. Reconhecer e recompensar o desempenho excepcional ajuda a manter a motivação e a qualidade do atendimento.

**Dicas para Reconhecimento e Recompensa:**

- **Crie um Programa de Reconhecimento:** Desenvolva um sistema para reconhecer e recompensar os membros da equipe que demonstram excelência no atendimento.

- **Celebre Sucessos:** Comemore os sucessos e marcos alcançados pela equipe, reforçando o comportamento positivo.

### 4. Fomente um Ambiente de Trabalho Positivo

Fomentar um ambiente de trabalho positivo é como criar uma atmosfera de colaboração e apoio em um time. Um ambiente positivo contribui para o moral da equipe e melhora a qualidade do atendimento ao cliente.

**Analogias:**

- **Ambiente Positivo como Atmosfera de Colaboração:** Imagine um time que trabalha em um ambiente de apoio e colaboração, onde todos se ajudam mutuamente. Um ambiente positivo no local de trabalho contribui para um atendimento ao cliente de alta qualidade.

**Dicas para Fomentar um Ambiente Positivo:**

- **Promova a Comunicação Aberta:** Incentive a comunicação aberta e honesta entre os membros da equipe.
- **Ofereça Suporte e Recursos:** Garanta que sua equipe tenha os recursos e o suporte necessário para desempenhar bem suas funções.

## Medindo a Excelência no Atendimento

Medir a excelência no atendimento é como avaliar o desempenho de um time em uma temporada.

Acompanhando métricas e feedback, você pode avaliar o sucesso da sua cultura de excelência e identificar áreas para melhorias.

**Analogias:**

- **Medição como Avaliação de Desempenho:** Pense em avaliar o desempenho de um time ao final de uma temporada para identificar áreas de melhoria e ajustes necessários. Medir a excelência no atendimento ajuda a garantir que a equipe esteja alcançando seus objetivos.

**Dicas para Medir a Excelência:**

- **Use Métricas de Atendimento:** Acompanhe métricas como satisfação do cliente, tempo de resposta e resolução de problemas.

- **Solicite Feedback dos Clientes:** Colete feedback dos clientes para avaliar a qualidade do atendimento e identificar áreas de melhoria.

## Aplicando Estratégias para Construir uma Cultura de Excelência

Implementar estratégias para construir uma cultura de excelência requer um planejamento cuidadoso e uma abordagem consistente.

**Analogias:**

- **Aplicação das Estratégias como Construção de um Edifício:** Imagine construir um edifício sólido e durável. A aplicação das estratégias requer um planejamento detalhado e execução cuidadosa para garantir que a cultura de excelência seja sólida e eficaz.

**Dicas para Aplicação:**

- **Desenvolva um Plano Estratégico:** Crie um plano para implementar as estratégias discutidas e defina metas claras para medir o sucesso.

- **Execute e Ajuste:** Coloque o plano em prática e faça ajustes conforme necessário com base no feedback e nas métricas.

## Atividade Prática: Construindo uma Cultura de Excelência no Atendimento ao Cliente

Para ajudar a aplicar os conceitos discutidos neste capítulo, siga as etapas abaixo:

1. **Defina Valores e Expectativas:** Crie um documento que descreva os valores e expectativas para o atendimento ao cliente em sua organização.

2. **Desenvolva um Plano de Treinamento:** Elabore um plano para oferecer treinamento contínuo e desenvolvimento profissional para sua equipe.

3. **Crie um Programa de Reconhecimento:** Desenvolva um sistema para reconhecer e recompensar o desempenho excepcional na equipe de atendimento.

4. **Fomente um Ambiente Positivo:** Implemente práticas para promover um ambiente de trabalho positivo e colaborativo.

5. **Monitore e Avalie:** Acompanhe métricas de atendimento e colete feedback para avaliar a eficácia das estratégias implementadas.

6. **Reflexão:** Após concluir a atividade, reflita sobre os seguintes pontos:

    o Como a definição de valores e expectativas impactou a equipe?

    o Quais foram os resultados do treinamento e desenvolvimento contínuo?

    o Como o reconhecimento e o ambiente positivo afetaram a qualidade do atendimento?

o O que você aprendeu com a atividade e como pode aplicar esse conhecimento no futuro?

## Conclusão

Construir uma cultura de excelência no atendimento ao cliente é essencial para garantir que sua organização ofereça um serviço de alta qualidade e mantenha a satisfação do cliente. Ao definir valores e expectativas, treinar e desenvolver sua equipe, reconhecer e recompensar o desempenho e fomentar um ambiente positivo, você pode criar uma base sólida para a excelência no atendimento. No próximo capítulo, exploraremos como integrar todas as práticas discutidas para criar uma abordagem coesa e eficaz para o atendimento ao cliente.

> **"Feedback é o espelho da sua performance: use-o para ajustar sua direção e melhorar constantemente."**
>
> *Referência: "Feedback e Performance", de Laura Green*

# Capítulo 9: Integrando Estratégias para uma Abordagem Coesa e Eficaz no Atendimento ao Cliente

Estava passando por uma fase crucial na minha empresa, e eu tinha um desafio gigantesco: gerenciar as expectativas dos clientes. Era como se estivéssemos prometendo um show de fogos de artifício e entregando apenas uma vela acesa. As preocupações estavam crescendo, e eu sabia que precisava agir rápido.

Decidi fazer uma revisão completa no nosso processo de comunicação. Implementei um sistema para garantir que todas as promessas feitas fossem claras e que houvesse total transparência sobre o que os clientes poderiam realmente esperar. Era como ajustar a receita de um prato para garantir que todos os ingredientes estivessem exatamente como prometido.

Durante uma reunião com minha equipe, compartilhei uma história pessoal em que uma expectativa mal gerenciada levou a uma verdadeira frustração. Imaginei isso como uma noite em que, ao não cumprir com o que foi prometido, acabei servindo um jantar sem sal e sem sabor. Usei essa experiência para mostrar como ser honesto e claro sobre o que a empresa podia entregar faz toda a diferença.

As mudanças que implementei começaram a mostrar resultados positivos. A equipe notou uma diminuição nas reclamações e um aumento na satisfação geral. Aprendi que gerenciar expectativas é como manter uma receita no ponto certo: é essencial para garantir que todos fiquem felizes e satisfeitos com o que receberam.

## A Necessidade de Integração de Estratégias

Integrar todas as estratégias de atendimento ao cliente é como coordenar um conjunto de instrumentos em uma orquestra. Cada estratégia deve funcionar em harmonia para criar uma experiência coesa e eficaz para o cliente. A integração garante que todos os aspectos do atendimento ao cliente estejam alinhados e contribuam para um objetivo comum.

**Analogias:**

- **Integração como Orquestração:** Imagine uma orquestra onde cada músico toca um instrumento diferente, mas todos seguem a mesma partitura. A integração das estratégias de atendimento é semelhante, onde cada aspecto do atendimento ao cliente deve trabalhar em harmonia para criar uma experiência fluida e eficaz.

# Estratégias para Integrar Atendimento ao Cliente de Forma Eficaz

Para integrar as estratégias de atendimento ao cliente de forma eficaz, é necessário adotar uma abordagem coordenada que considere todos os pontos de contato e processos envolvidos.

**1. Desenvolva um Plano Estratégico Abrangente**

Um plano estratégico abrangente é como um mapa detalhado para uma viagem. Ele orienta todas as atividades e processos, garantindo que todas as áreas do atendimento ao cliente estejam alinhadas e coordenadas.

**Analogias:**

- **Plano Estratégico como Mapa:** Pense em um mapa que guia você através de uma jornada complexa. Um plano estratégico abrangente ajuda a orientar todas as atividades e estratégias de atendimento ao cliente, garantindo que todos estejam na mesma página.

**Dicas para Desenvolver um Plano Estratégico:**

- **Mapeie Todos os Pontos de Contato:** Identifique todos os pontos de contato com o cliente e desenvolva estratégias específicas para cada um.

- **Alinhe as Estratégias com os Objetivos de Negócio:** Garanta que as estratégias de atendimento estejam alinhadas com os objetivos gerais do negócio.

## 2. Coordene Treinamento e Desenvolvimento da Equipe

Coordinar o treinamento e desenvolvimento da equipe é como garantir que todos os membros de um time esportivo estejam treinados para jogar em diferentes posições. Cada membro deve estar preparado para atuar de forma eficaz em todos os aspectos do atendimento ao cliente.

**Analogias:**

- **Treinamento como Preparação de Atletas:** Imagine treinar uma equipe esportiva para jogar várias posições. Da mesma forma, o treinamento da equipe deve prepará-los para atuar de forma eficaz em diferentes aspectos do atendimento ao cliente.

**Dicas para Coordenação de Treinamento:**

- **Desenvolva Programas de Treinamento Completos:** Crie programas de treinamento que abordem todas as áreas do atendimento ao cliente.

- **Atualize o Treinamento Regularmente:** Mantenha o treinamento atualizado com as últimas práticas e tecnologias.

## 3. Utilize Tecnologia para Integrar Processos

Utilizar tecnologia é como usar ferramentas avançadas para construir uma estrutura. Ferramentas tecnológicas podem ajudar a integrar e coordenar todos os processos de atendimento ao cliente, tornando-os mais eficientes e eficazes.

**Analogias:**

- **Tecnologia como Ferramentas de Construção:** Pense em usar ferramentas avançadas para construir uma estrutura sólida. A tecnologia ajuda a integrar e otimizar todos os processos de atendimento ao cliente, garantindo uma operação mais eficiente.

**Dicas para Utilização de Tecnologia:**

- **Adote Sistemas de CRM:** Use sistemas de CRM para centralizar informações e coordenar interações com clientes.

- **Implemente Ferramentas de Comunicação:** Utilize ferramentas de comunicação para facilitar a colaboração entre equipes e melhorar a resposta ao cliente.

## 4. Monitore e Avalie o Desempenho da Integração

Monitorar e avaliar o desempenho da integração é como avaliar a eficiência de uma máquina. Você precisa verificar se todos os componentes estão funcionando corretamente e fazer ajustes conforme necessário para garantir uma operação suave.

**Analogias:**

- **Monitoramento como Avaliação de Máquinas:** Imagine verificar o funcionamento de uma máquina para garantir que todas as peças estejam funcionando corretamente. Monitorar e avaliar a integração das estratégias ajuda a garantir que todos os processos estejam alinhados e funcionando de forma eficaz.

**Dicas para Monitoramento e Avaliação:**

- **Acompanhe Métricas de Desempenho:** Use métricas para avaliar a eficácia da integração das estratégias de atendimento.

- **Solicite Feedback da Equipe:** Colete feedback dos membros da equipe para identificar áreas de melhoria e ajustar os processos.

## Aplicando a Integração para uma Abordagem Coesa

Aplicar a integração das estratégias requer um planejamento cuidadoso e uma abordagem sistemática para garantir que todos os aspectos do atendimento ao cliente estejam alinhados.

**Analogias:**

- **Aplicação como Montagem de Quebra-Cabeça:** Imagine montar um quebra-cabeça onde cada peça deve se encaixar perfeitamente. A aplicação da integração das estratégias é semelhante, onde cada aspecto do atendimento ao cliente deve se alinhar e contribuir para uma abordagem coesa.

**Dicas para Aplicação:**

- **Desenvolva um Cronograma de Implementação:** Crie um cronograma para implementar as estratégias de forma coordenada.

- **Comunique e Alinhe a Equipe:** Garanta que todos os membros da equipe estejam cientes das mudanças e alinhados com a nova abordagem.

## Atividade Prática: Integrando Estratégias para uma Abordagem Coesa

Para ajudar a aplicar os conceitos discutidos neste capítulo, siga as etapas abaixo:

1. **Desenvolva um Plano Estratégico:** Crie um plano estratégico que aborde todos os pontos de contato com o cliente e alinhe as estratégias com os objetivos do negócio.

2. **Coordene o Treinamento da Equipe:** Elabore um plano de treinamento que cubra todas as áreas do atendimento ao cliente e garanta que todos os membros da equipe estejam preparados para atuar de forma eficaz.

3. **Implemente Tecnologia:** Adote ferramentas tecnológicas que ajudem a integrar e coordenar os processos de atendimento ao cliente.

4. **Monitore o Desempenho:** Acompanhe métricas de desempenho e solicite feedback para avaliar a eficácia da integração das estratégias.

5. **Reflexão:** Após concluir a atividade, reflita sobre os seguintes pontos:
    - Como o plano estratégico ajudou a coordenar as estratégias de atendimento?

- o Quais foram os resultados do treinamento e desenvolvimento da equipe?
- o Como a tecnologia contribuiu para a integração dos processos?
- o O que você aprendeu com a atividade e como pode aplicar esse conhecimento no futuro?

## Conclusão

Integrar estratégias para uma abordagem coesa e eficaz no atendimento ao cliente é crucial para garantir que todos os aspectos do atendimento estejam alinhados e funcionando de forma harmoniosa. Ao desenvolver um plano estratégico abrangente, coordenar o treinamento da equipe, utilizar tecnologia e monitorar o desempenho, você pode criar uma experiência consistente e de alta qualidade para seus clientes. No próximo capítulo, exploraremos como sustentar e evoluir a abordagem de atendimento ao cliente para garantir o sucesso contínuo.

**"Transformar a experiência do cliente em cultura é garantir que cada ação reflita o valor que você promete."**

*Referência: "Cultura e Experiência do Cliente", de Thomas Lewis*

# Capítulo 10: Sustentando e Evoluindo a Abordagem de Atendimento ao Cliente

Enfrentei um verdadeiro labirinto quando se tratou de comunicação interna e externa na minha empresa. Havia uma sensação crescente de que nossa mensagem estava mais embolada do que um novelo de lã, e as coisas não estavam saindo como planejado.

Decidi dar uma guinada e organizei uma reunião de equipe focada em comunicação eficaz. Na reunião, compartilhei exemplos de como uma comunicação clara tinha sido a chave para grandes resultados, e também onde a falta de clareza havia nos metido em enrascadas. Imaginei isso como uma espécie de "manual de navegação" para evitar os buracos e atalhos na nossa comunicação.

Juntos, nós mergulhamos na tarefa de revisar e simplificar todas as mensagens e materiais da empresa. Foi como fazer uma grande limpeza no armário: tiramos o que estava fora de lugar e organizamos tudo para que ficasse mais claro e acessível. Criamos novas diretrizes para garantir que cada mensagem fosse direta e fácil de entender.

Os resultados foram quase imediatos. A equipe começou a notar uma verdadeira revolução na forma como os clientes compreendiam nossas mensagens, e as perguntas confusas diminuíram. Aprendi que, assim como uma boa bússola é essencial para uma viagem sem percalços, a clareza na comunicação é crucial para evitar mal-entendidos e garantir que nossa mensagem seja eficaz.

## A Importância de Sustentar a Excelência no Atendimento ao Cliente

Sustentar a excelência no atendimento ao cliente é como manter uma planta saudável. Assim como uma planta precisa de cuidados contínuos, ajustes e atenção para crescer e prosperar, o atendimento ao cliente requer manutenção e evolução constantes para continuar atendendo e superando as expectativas dos clientes.

**Analogias:**

- **Sustentação como Cuidados com uma Planta:** Imagine cuidar de uma planta que precisa de água, luz e nutrientes regulares. Sustentar a excelência no atendimento ao cliente exige atenção contínua, ajustes e melhorias para manter um padrão elevado.

## Estratégias para Sustentar a Excelência no Atendimento ao Cliente

Para garantir que a excelência no atendimento ao cliente seja mantida e evolua continuamente, é necessário adotar estratégias que promovam a melhoria contínua e a adaptação às mudanças.

## 1. Realize Avaliações Regulares de Desempenho

Realizar avaliações regulares de desempenho é como fazer verificações periódicas em um carro para garantir que tudo esteja funcionando corretamente. As avaliações ajudam a identificar áreas de melhoria e garantir que o atendimento ao cliente esteja sempre em alto nível.

**Analogias:**

- **Avaliações como Manutenção de Carro:** Pense em fazer revisões regulares em um carro para garantir que ele esteja funcionando bem. As avaliações de desempenho ajudam a identificar e corrigir problemas no atendimento ao cliente.

**Dicas para Avaliações Regulares:**

- **Utilize Indicadores de Desempenho:** Monitore indicadores como satisfação do cliente, tempo de resposta e resolução de problemas.

- **Realize Avaliações de Feedback:** Colete e analise feedback dos clientes e da equipe para identificar áreas de melhoria.

## 2. Inove e Adapte-se às Mudanças

Inovar e adaptar-se às mudanças é como ajustar uma receita para melhorar o sabor. A inovação permite que você se adapte às novas necessidades e expectativas dos clientes, mantendo o atendimento atualizado e relevante.

**Analogias:**

- **Inovação como Ajuste de Receita:** Imagine ajustar uma receita para melhorar o sabor e atender às preferências dos convidados. Inovar no atendimento ao cliente ajuda a manter o serviço fresco e adaptado às mudanças nas expectativas dos clientes.

**Dicas para Inovação e Adaptação:**

- **Monitore Tendências de Mercado:** Acompanhe as tendências e inovações no setor para se manter atualizado.

- **Solicite Sugestões de Melhoria:** Peça feedback dos clientes e da equipe para identificar áreas onde a inovação pode ser aplicada.

### 3. Promova uma Cultura de Aprendizado Contínuo

Promover uma cultura de aprendizado contínuo é como encorajar uma equipe a sempre buscar melhorar suas habilidades. Um ambiente que valoriza o aprendizado contínuo contribui para a evolução constante do atendimento ao cliente.

**Analogias:**

- **Aprendizado Contínuo como Treinamento de Atletas:** Pense em uma equipe que continua a treinar e melhorar suas habilidades para se manter competitiva. Promover uma cultura de aprendizado contínuo ajuda a equipe a se manter atualizada e aprimorar constantemente o atendimento ao cliente.

**Dicas Para Promover o Aprendizado Contínuo:**

- **Ofereça Oportunidades de Treinamento:** Proporcione acesso a cursos, workshops e outras oportunidades de desenvolvimento profissional.

- **Encoraje o Compartilhamento de Conhecimento:** Incentive os membros da equipe a compartilhar conhecimentos e melhores práticas.

### 4. Mantenha a Comunicação Aberta e Transparente

Manter a comunicação aberta e transparente é como garantir que todos os membros de uma equipe esportiva estejam cientes das estratégias e táticas. A comunicação eficaz promove a colaboração e a coesão, essencial para sustentar e evoluir a abordagem de atendimento ao cliente.

**Analogias:**

- **Comunicação Aberta como Estratégias de Jogo:** Imagine uma equipe que se comunica claramente sobre estratégias e táticas durante um jogo. Manter uma comunicação aberta e transparente ajuda a garantir que todos estejam alinhados e trabalhando em direção aos mesmos objetivos.

**Dicas para Comunicação Aberta:**

- **Realize Reuniões Regulares:** Organize reuniões para discutir o desempenho, desafios e oportunidades de melhoria.

- **Utilize Canais de Comunicação Eficazes:** Use ferramentas e canais de comunicação para manter a equipe informada e engajada.

## Aplicando Estratégias para Sustentar e Evoluir o Atendimento ao Cliente

Aplicar estratégias para sustentar e evoluir o atendimento ao cliente requer um compromisso contínuo com a melhoria e a adaptação.

**Analogias:**

- **Aplicação como Cultivo de Jardim:** Imagine cultivar um jardim onde você precisa regar, podar e ajustar os cuidados conforme a planta cresce. Aplicar estratégias para sustentar e evoluir o atendimento ao cliente exige cuidados e ajustes contínuos para manter um padrão elevado.

**Dicas para Aplicação:**

- **Desenvolva um Plano de Melhoria Contínua:** Crie um plano para implementar as estratégias de sustentação e evolução do atendimento ao cliente.

- **Monitore o Progresso e Faça Ajustes:** Avalie o progresso regularmente e ajuste as estratégias conforme necessárias para garantir que o atendimento continue a atender e superar as expectativas dos clientes.

## Atividade Prática: Sustentando e Evoluindo a Abordagem de Atendimento ao Cliente

Para ajudar a aplicar os conceitos discutidos neste capítulo, siga as etapas abaixo:

1. **Realize uma Avaliação de Desempenho:** Avalie o desempenho atual do atendimento ao cliente utilizando indicadores e feedback.

2. **Desenvolva um Plano de Inovação:** Crie um plano para incorporar inovações e adaptações às novas necessidades e expectativas dos clientes.

3. **Promova o Aprendizado Contínuo:** Elabore estratégias para oferecer oportunidades de aprendizado e desenvolvimento contínuo para sua equipe.

4. **Mantenha a Comunicação Aberta:** Estabeleça práticas para garantir uma comunicação aberta e transparente entre a equipe e os clientes.

5. **Reflexão:** Após concluir a atividade, reflita sobre os seguintes pontos:

    o Como a avaliação de desempenho ajudou a identificar áreas de melhoria?

    o Quais foram as inovações aplicadas e como elas impactaram o atendimento ao cliente?

    o Como a cultura de aprendizado contínuo contribuiu para a evolução do atendimento?

- O que você aprendeu com a atividade e como pode aplicar esse conhecimento no futuro?

## Conclusão

Sustentar e evoluir a abordagem de atendimento ao cliente é crucial para garantir que o serviço continue a atender e superar as expectativas dos clientes. Ao realizar avaliações regulares de desempenho, inovar e adaptar-se às mudanças, promover uma cultura de aprendizado contínuo e manter a comunicação aberta, você pode criar uma base sólida para a excelência contínua no atendimento. No próximo capítulo, exploraremos como consolidar todas as práticas e estratégias discutidas para garantir o sucesso a longo prazo no atendimento ao cliente.

"Engajar é conectar; reter é cultivar essa conexão até se tornar uma parceria duradoura."

Referência: *"Estratégias de Engajamento", de Olivia Johnson*

# Capítulo 11: Criando Experiências Memoráveis para o Cliente

Eu sempre acreditei que o atendimento ao cliente é como uma receita que precisa ser ajustada constantemente. A ideia de que uma vez que você tenha algo bom, você para de mexer, nunca me convenceu. Eu sabia que sempre havia espaço para melhorar e evoluir.

Decidi então implementar um sistema de análise e feedback para garantir que minha equipe estivesse sempre oferecendo o melhor atendimento possível. Pensei nisso como adicionar um termômetro à nossa receita para ver se estava no ponto certo. Introduzi pesquisas de satisfação e mecanismos de feedback, quase como se fossem os temperos que ajudam a ajustar o sabor.

Além disso, organizei reuniões regulares com a equipe, onde revisávamos as análises e discutíamos as áreas que precisavam de um toque extra. Era como se estivéssemos fazendo uma revisão de ingredientes e métodos para garantir que nossa receita estivesse sempre perfeita.

Compartilhei uma história sobre uma vez em que o feedback dos clientes havia levado a uma grande melhoria nos nossos processos internos. Usei essa experiência para mostrar como os dados e feedback podem ser os guias que precisamos para aprimorar o atendimento.

A equipe começou a usar as informações coletadas para otimizar o atendimento. A satisfação dos clientes aumentou e a equipe ficou mais envolvida no processo de melhoria contínua. Aprendi que analisar e otimizar regularmente o atendimento é essencial para oferecer uma experiência que não apenas seja excelente, mas também esteja sempre em evolução.

## A Importância de Criar Experiências Memoráveis

Criar experiências memoráveis para o cliente é como criar uma obra de arte única. Assim como uma obra de arte impressiona e fica na memória de quem a vê, uma experiência memorável faz com que o cliente se sinta especial e valorize a interação com sua empresa.

**Analogias:**

- **Experiência Memorável como Obra de Arte:** Imagine uma pintura que deixa uma impressão duradoura e única. Criar experiências memoráveis para o cliente é semelhante a criar uma obra de arte que se destaca e deixa uma impressão positiva.

## Estratégias para Criar Experiências Memoráveis

Para criar experiências memoráveis, é necessário adotar estratégias que se concentrem em exceder as expectativas dos clientes e oferecer algo único e especial.

## 1. Personalize a Experiência do Cliente

Personalizar a experiência do cliente é como criar um presente sob medida. Quando você personaliza um presente, considera os gostos e preferências da pessoa para tornar o presente mais significativo. Da mesma forma, personalizar a experiência do cliente faz com que ele se sinta valorizado e compreendido.

**Analogias:**

- **Personalização como Presente Sob Medida:** Pense em criar um presente especialmente para alguém, levando em conta suas preferências e interesses. Personalizar a experiência do cliente é semelhante, onde você ajusta o atendimento para atender às necessidades e desejos individuais.

**Dicas para Personalização:**

- **Utilize Dados de Clientes:** Aproveite as informações que você tem sobre seus clientes para oferecer um atendimento personalizado.

- **Ofereça Soluções Sob Medida:** Adapte suas ofertas e soluções para atender às necessidades específicas de cada cliente.

## 2. Surpreenda e Encante os Clientes

Surpreender e encantar os clientes é como adicionar um toque especial a uma receita. Um pequeno detalhe adicional pode transformar uma experiência comum em algo memorável e extraordinário.

**Analogias:**

- **Surpresa como Toque Especial:** Imagine adicionar um ingrediente especial a uma receita para surpreender e agradar os convidados. Surpreender e encantar os clientes envolve oferecer algo inesperado e especial que exceda suas expectativas.

**Dicas para Surpreender e Encantar:**

- **Ofereça Bônus e Brindes:** Proporcione pequenos presentes ou bônus que seus clientes não esperavam.
- **Realize Gestos de Apreciação:** Mostre gratidão de maneiras que surpreendam e encantem seus clientes, como agradecimentos personalizados ou reconhecimento público.

### 3. Crie Momentos de Conexão Emocional

Criar momentos de conexão emocional é como construir uma amizade duradoura. Uma conexão genuína e emocional faz com que os clientes se sintam próximos e leais à sua marca.

**Analogias:**

- **Conexão Emocional como Amizade:** Pense em construir uma amizade verdadeira, onde há compreensão mútua e apoio. Criar momentos de conexão emocional com seus clientes envolve construir um relacionamento baseado em empatia e entendimento.

**Dicas para Criar Conexões Emocionais:**

- **Compartilhe Histórias e Valores:** Conecte-se com seus clientes através de histórias e valores que ressoem com eles.

- **Mostre Empatia:** Demonstre compreensão e apoio genuínos em todas as interações com os clientes.

### 4. Solicite e Aja com Base no Feedback dos Clientes

Solicitar e agir com base no feedback dos clientes é como ajustar o curso de um projeto com base nas revisões e sugestões recebidas. O feedback fornece insights valiosos sobre como melhorar e criar experiências ainda melhores.

**Analogias:**

- **Feedback como Ajustes em Projeto:** Imagine ajustar um projeto com base em feedback e revisões. Solicitar e agir com base no feedback dos clientes ajuda a aprimorar continuamente a experiência e a atender melhor suas expectativas.

**Dicas para Solicitar e Agir no Feedback:**

- **Realize Pesquisas de Satisfação:** Pergunte aos clientes sobre sua experiência e áreas de melhoria.

- **Implemente Melhorias:** Use o feedback para fazer ajustes e melhorar continuamente a experiência do cliente.

## Aplicando Estratégias para Criar Experiências Memoráveis

Aplicar essas estratégias requer um foco constante em exceder as expectativas dos clientes e oferecer experiências que sejam verdadeiramente memoráveis.

**Analogias:**

- **Aplicação como Criação de Experiência:** Pense em criar uma experiência única e inesquecível para seus clientes, como planejar um evento especial ou uma experiência personalizada.

**Dicas para Aplicação:**

- **Desenvolva um Plano de Experiência:** Crie um plano para implementar as estratégias de criação de experiências memoráveis.

- **Monitore a Reação dos Clientes:** Avalie como os clientes respondem às experiências criadas e ajuste conforme necessário.

## Atividade Prática: Criando Experiências Memoráveis

Para ajudar a aplicar os conceitos discutidos neste capítulo, siga as etapas abaixo:

1. **Personalize a Experiência:** Identifique maneiras de personalizar a experiência para seus clientes, utilizando dados e informações disponíveis.

2. **Planeje uma Surpresa:** Desenvolva uma estratégia para surpreender e encantar seus clientes com um toque especial ou um bônus inesperado.

3. **Construa Conexões Emocionais:** Crie momentos que permitam estabelecer uma conexão emocional genuína com seus clientes.

4. **Solicite e Implemente Feedback:** Realize uma pesquisa de satisfação e use o feedback para implementar melhorias nas experiências oferecidas.

5. **Reflexão:** Após concluir a atividade, reflita sobre os seguintes pontos:
    - Como a personalização melhorou a experiência do cliente?
    - Quais foram as reações dos clientes às surpresas e encantos oferecidos?
    - Como as conexões emocionais influenciaram a lealdade dos clientes?
    - O que você aprendeu com a atividade e como pode aplicar esse conhecimento no futuro?

## Conclusão

Criar experiências memoráveis para os clientes é essencial para construir um relacionamento duradouro e positivo. Ao personalizar a experiência, surpreender e encantar, criar conexões emocionais e agir com base no feedback, você pode oferecer interações que se destacam e deixam uma impressão duradoura. No próximo capítulo, exploraremos como consolidar as práticas e estratégias discutidas para garantir uma experiência consistente e de alta qualidade para todos os clientes.

**"O sucesso é medido não apenas pelos resultados, mas pela satisfação duradoura dos clientes."**

*Referência: "Métricas de Sucesso", de Daniel Moore*

# Capítulo 12: Construindo Lealdade e Fidelidade dos Clientes

Eu sempre acreditei que a experiência do cliente não é algo que pode ser deixado apenas para a equipe de atendimento – ela precisa estar no coração de toda a empresa. Então, decidi colocar essa ideia em prática e transformar isso em uma prioridade central para nossa cultura organizacional.

Comecei implementando um programa de treinamento para todos os funcionários, não só para quem estava diretamente no atendimento. Pensei nisso como se estivéssemos preparando um grande prato, onde todos os ingredientes precisam estar bem integrados para alcançar o sabor perfeito. Organizei uma série de reuniões de alinhamento para mostrar a todos como suas funções individuais afetavam a experiência do cliente, de forma que todos pudessem ver a importância de cada "ingrediente".

Em uma dessas reuniões, compartilhei uma experiência pessoal onde a atenção meticulosa à experiência do cliente realmente fez a diferença. Foi como contar uma história sobre um prato que, quando bem preparado, encantou os clientes e elevou a nossa reputação. Usei essa história para mostrar como cada membro da equipe tem um papel crucial na criação de uma experiência memorável.

Os resultados foram notáveis. A cultura da empresa começou a refletir um verdadeiro compromisso com a experiência do cliente, como se todos estivessem dançando no mesmo ritmo. A equipe ficou mais alinhada com os objetivos e mais engajada em oferecer um atendimento excepcional. Aprendi que integrar a experiência do cliente na cultura da empresa é essencial para criar uma organização que realmente coloca o cliente em primeiro lugar e para garantir o sucesso a longo prazo.

## A Importância da Lealdade e Fidelidade dos Clientes

Construir lealdade e fidelidade dos clientes é como plantar uma árvore que, com o tempo, se torna forte e duradoura. Uma vez estabelecida, essa árvore oferece sombra e frutos valiosos, assim como clientes fiéis proporcionam uma base sólida e contínua para o sucesso do seu negócio.

**Analogias:**

- **Lealdade como Árvore Crescendo:** Imagine plantar uma árvore e cuidar dela ao longo dos anos. Com o tempo, ela cresce forte e oferece benefícios duradouros. Da mesma forma, construir lealdade e fidelidade dos clientes envolve um esforço contínuo para cultivar relacionamentos que proporcionem valor a longo prazo.

## Estratégias para Construir Lealdade e Fidelidade

Para construir lealdade e fidelidade dos clientes, é necessário adotar estratégias que fortaleçam o relacionamento e incentivem a continuidade das interações positivas.

**1. Ofereça Um Atendimento ao Cliente Excepcional**

Oferecer um atendimento ao cliente excepcional é como garantir que um evento especial seja memorável e agradável para todos os convidados. Um atendimento excelente cria uma experiência positiva que faz com que os clientes queiram retornar.

**Analogias:**

- **Atendimento como Evento Especial:** Pense em planejar um evento onde cada detalhe é cuidadosamente planejado para garantir uma experiência incrível. Oferecer um atendimento ao cliente excepcional é semelhante, onde cada interação deve ser positiva e memorável.

**Dicas para Atendimento Excepcional:**

- **Treine sua Equipe:** Garanta que todos os membros da equipe estejam preparados para oferecer um atendimento de alta qualidade.

- **Resolva Problemas Rápida e Eficazmente:** Aborde e resolva qualquer problema ou preocupação do cliente de maneira rápida e eficiente.

## 2. Crie Programas de Fidelidade

Criar programas de fidelidade é como oferecer recompensas a um amigo por sua lealdade e apoio contínuo. Programas bem elaborados incentivam os clientes a continuar fazendo negócios com você, recompensando-os por sua fidelidade.

**Analogias:**

- **Programas de Fidelidade como Recompensas a Amigos:** Imagine dar presentes ou recompensas a um amigo por seu apoio contínuo. Programas de fidelidade funcionam da mesma forma, oferecendo incentivos para manter os clientes engajados e leais.

**Dicas para Programas de Fidelidade:**

- **Ofereça Recompensas Atraentes:** Crie recompensas que sejam valiosas e atraentes para seus clientes.

- **Comunique os Benefícios:** Certifique-se de que seus clientes estejam cientes dos benefícios e incentivos oferecidos pelo programa de fidelidade.

## 3. Estabeleça uma Comunicação Contínua e Relevante

Estabelecer uma comunicação contínua e relevante é como manter contato regular com amigos, compartilhando novidades e atualizações importantes. A comunicação eficaz ajuda a manter os clientes informados e engajados com sua marca.

**Analogias:**

- **Comunicação como Manter Contato com Amigos:** Pense em manter uma conversa regular com amigos, atualizando-os sobre sua vida e ouvindo sobre a deles. Manter uma comunicação contínua e relevante com os clientes ajuda a manter um relacionamento ativo e engajado.

**Dicas para Comunicação Contínua:**

- **Utilize Canais Diversos:** Use diferentes canais de comunicação para alcançar seus clientes, como e-mail, redes sociais e mensagens personalizadas.

- **Envie Conteúdo Relevante:** Compartilhe informações e atualizações que sejam relevantes e valiosas para seus clientes.

## 4. Solicite e Aja com Base no Feedback dos Clientes

Solicitar e agir com base no feedback dos clientes é como ajustar uma receita para atender ao gosto dos convidados. O feedback ajuda a identificar áreas de melhoria e a ajustar suas ofertas para melhor atender às necessidades dos clientes.

**Analogias:**

- **Feedback como Ajustes em Receita:** Imagine ajustar uma receita com base no feedback dos convidados para tornar o prato mais saboroso. Solicitar e agir com base no feedback dos clientes ajuda a aprimorar continuamente sua abordagem e atender melhor suas expectativas.

**Dicas para Solicitar e Agir no Feedback:**

- **Realize Pesquisas Regulares:** Pergunte aos clientes sobre suas experiências e áreas de melhoria.

- **Implemente Mudanças:** Use o feedback para fazer ajustes e melhorias nas suas ofertas e no atendimento.

## Aplicando Estratégias para Construir Lealdade e Fidelidade

Aplicar essas estratégias exige um foco constante em fortalecer relacionamentos e oferecer valor contínuo aos clientes.

### Analogias:

- **Aplicação como Cultivo de Relacionamentos:** Pense em cultivar relacionamentos a longo prazo, onde você investe tempo e esforço para construir e manter conexões valiosas e duradouras.

### Dicas para Aplicação:

- **Desenvolva um Plano de Fidelidade:** Crie um plano para implementar e gerenciar programas de fidelidade e outras estratégias de construção de lealdade.

- **Monitore a Satisfação do Cliente:** Avalie regularmente a satisfação dos clientes e faça ajustes conforme necessário para garantir que suas necessidades e expectativas estejam sendo atendidas.

## Atividade Prática: Construindo Lealdade e Fidelidade dos Clientes

Para ajudar a aplicar os conceitos discutidos neste capítulo, siga as etapas abaixo:

1. **Ofereça Atendimento Excepcional:** Avalie e ajuste suas práticas de atendimento ao cliente para garantir que estejam oferecendo um serviço excepcional.

2. **Desenvolva um Programa de Fidelidade:** Crie um programa de fidelidade que ofereça recompensas atraentes e comunique os benefícios aos seus clientes.

3. **Estabeleça Comunicação Contínua:** Desenvolva um plano de comunicação que mantenha seus clientes informados e engajados com sua marca.

4. **Solicite e Aja com Base no Feedback:** Realize uma pesquisa de satisfação e use o feedback para implementar melhorias nas suas práticas e ofertas.

5. **Reflexão:** Após concluir a atividade, reflita sobre os seguintes pontos:
    - Como o atendimento excepcional impactou a lealdade dos clientes?
    - Quais foram as reações dos clientes ao programa de fidelidade?
    - Como a comunicação contínua contribuiu para manter o engajamento dos clientes?

- O que você aprendeu com a atividade e como pode aplicar esse conhecimento no futuro?

## Conclusão

Construir lealdade e fidelidade dos clientes é fundamental para o sucesso a longo prazo. Ao oferecer um atendimento excepcional, criar programas de fidelidade, estabelecer uma comunicação contínua e agir com base no feedback, você pode fortalecer seus relacionamentos com os clientes e garantir uma base sólida para o crescimento e sucesso contínuo. No próximo capítulo, exploraremos como consolidar todas as práticas e estratégias discutidas para garantir uma abordagem consistente e eficaz em todas as áreas do atendimento ao cliente.

> **"O futuro é agora: antecipe as mudanças e esteja sempre um passo à frente na jornada do cliente."**
>
> *Referência: "O Futuro do Atendimento", de Amanda Roberts*

# Conclusão: Transformando Conhecimento em Resultados

Ao longo deste livro, tive o prazer de compartilhar com você uma jornada detalhada e prática sobre como aprimorar a experiência do cliente e aumentar a eficácia das vendas. Cada capítulo foi projetado para oferecer insights valiosos e histórias reais que ilustram a importância de aplicar conceitos fundamentais para alcançar o sucesso.

Começamos explorando a necessidade de empatia e escuta ativa, habilidades fundamentais para criar uma conexão genuína com os clientes. Mostrei como essas habilidades podem transformar o atendimento e resultar em relacionamentos mais fortes e duradouros. Focamos na personalização do atendimento, entendendo que conhecer e compreender cada cliente é essencial para oferecer soluções que realmente façam a diferença.

A construção de propostas de valor irresistíveis e a gestão eficaz das expectativas dos clientes foram abordadas com exemplos práticos, demonstrando como uma comunicação clara e uma oferta alinhada com as necessidades do cliente podem aumentar a satisfação e a lealdade. Também destaquei a importância de criar uma experiência memorável para os clientes e oferecer um atendimento impactante.

Cada capítulo trouxe estratégias que você pode aplicar imediatamente. Através das histórias e experiências compartilhadas, espero que tenha entendido que o sucesso no atendimento ao cliente e nas vendas não vem apenas de técnicas e ferramentas, mas da dedicação em entender e atender verdadeiramente as necessidades dos clientes.

Concluo com um apelo para que você integre esses aprendizados em sua prática diária. Transformar o conhecimento adquirido em ações concretas é o caminho para criar uma experiência excepcional para seus clientes e alcançar resultados notáveis. Cada desafio enfrentado e cada estratégia implementada devem ser vistos como oportunidades de crescimento e melhoria contínua.

Acredito firmemente que, ao aplicar as técnicas e insights compartilhados neste livro, você estará equipado para enfrentar os desafios do mercado e construir relacionamentos duradouros e significativos com seus clientes. O sucesso é uma jornada, não um destino, e cada passo dado em direção à excelência no atendimento ao cliente e nas vendas é um passo em direção a um futuro mais brilhante e gratificante.

Obrigado por me acompanhar nesta jornada. Que as estratégias e experiências compartilhadas inspirem e capacitem você a transformar sua abordagem e alcançar novos patamares de sucesso.

# POSFÁCIO

Ao concluir este livro, refleti sobre a jornada que percorremos juntos ao longo dessas páginas. Escrever sobre minhas experiências e compartilhar as lições que aprendi ao longo dos anos foi um processo de autodescoberta e, espero, uma fonte valiosa de insights para você, o leitor.

Meu objetivo sempre foi criar algo que fosse além de um simples manual ou guia. Queria oferecer a você uma visão realista e prática dos desafios e das recompensas que acompanham o caminho do sucesso, seja no atendimento ao cliente, na liderança ou na construção de um negócio que faça a diferença. Mais do que técnicas e estratégias, procurei transmitir a importância de valores como integridade, empatia e dedicação – valores que, acredito, são fundamentais para qualquer pessoa que deseja não apenas prosperar, mas também fazer uma contribuição significativa ao mundo ao seu redor.

Se este livro conseguiu provocar reflexões, inspirar mudanças ou até mesmo confirmar aquilo que você já sabia ser verdadeiro, então considero que cumpri meu papel. No entanto, o fim desta leitura não significa o fim da nossa jornada. Pelo contrário, este é apenas o começo de um novo capítulo, onde você, armado com as ferramentas e ideias que exploramos aqui, pode aplicar esses conceitos em sua própria vida e trabalho.

A estrada à frente pode ser desafiadora, mas ela também está repleta de oportunidades para quem está disposto a inovar, a melhorar continuamente e a colocar o cliente no centro de tudo o que faz. Ao tomar essas ideias e moldá-las de acordo com suas próprias experiências e aspirações, você estará escrevendo sua própria história de sucesso.

Obrigado por me acompanhar até aqui. Espero que você continue a explorar, aprender e crescer. E, quem sabe, um dia possamos compartilhar mais histórias sobre as novas alturas que você alcançou.

Com gratidão,

**Igor Barros**

# Agradecimentos

Gostaria de dedicar um momento especial para expressar minha sincera gratidão a todos que contribuíram para a realização deste livro.

Primeiramente, agradeço a minha esposa Laiani Barros, cuja paciência e apoio incondicional foram fundamentais durante todo o processo. Você sempre esteve ao meu lado, oferecendo encorajamento e inspiração, e por isso sou profundamente grato.

Aos meus mentores e colegas profissionais, um agradecimento especial por compartilharem seu conhecimento e experiência, que foram essenciais para enriquecer o conteúdo deste livro. Suas orientações e conselhos foram inestimáveis e ajudaram a moldar as ideias e estratégias apresentadas aqui.

Agradeço também aos leitores e participantes dos workshops e treinamentos, cujas perguntas, desafios e feedbacks foram uma fonte constante de aprendizado e motivação. Suas contribuições ajudaram a tornar este livro mais relevante e aplicável às situações reais enfrentadas no dia a dia.

Um agradecimento especial vai para minha equipe, que trabalhou com dedicação para transformar minhas ideias em um manuscrito coeso e impactante. O esforço e a paixão que todos colocaram neste projeto foram verdadeiramente notáveis.

Por último, mas não menos importante, agradeço a você, leitor. Sua disposição para explorar novas estratégias e aprimorar suas habilidades é o que torna o trabalho de compartilhar conhecimento tão gratificante. Espero que as insights e experiências compartilhados neste livro sejam valiosos e que você encontre sucesso e realização em sua jornada profissional.

Obrigado a todos que fizeram parte desta jornada. Sem o apoio e a colaboração de cada um de vocês, este livro não teria sido possível.

www.ingramcontent.com/pod-product-compliance
Lightning Source LLC
Chambersburg PA
CBHW031927240526
45464CB00023B/1940